愿你所有孤独，
都光芒万丈：
张爱玲的2020

石若轩 著

WUHAN UNIVERSITY PRESS
武汉大学出版社

图书在版编目（CIP）数据

愿你所有孤独，都光芒万丈：张爱玲的2020 / 石若轩著 . — 武汉：武汉大学出版社，2018.5（2022.9重印）

ISBN 978-7-307-20124-8

Ⅰ . 愿… Ⅱ . 石… Ⅲ . 张爱玲（1920-1995）—生平事迹 Ⅳ . K825.6

中国版本图书馆 CIP 数据核字（2018）第 068072 号

责任编辑：黄朝昉 孟令玲 责任校对：王婷芳 版式设计：苗薇

出版发行：**武汉大学出版社**（430072 武昌 珞珈山）

（电子邮箱：cbs22@whu.edu.cn 网址：www.wdp.com.cn）

印刷：北京一鑫印务有限责任公司

开本：880×1230 1/32 印张：7 字数：200 千字

版次：2018 年 5 月第 1 版 2022 年 9 月第 2 次印刷

ISBN 978-7-307-20124-8 定价：45.00 元

序言

为《愿你所有孤独，都光芒万丈：张爱玲的2020》序

这些年，我做了不少讲座。期间总会有操心的妈妈，在讲座后请我给她的孩子列一个书目。

这件事很让我挠头。

我只得说：这世间并没有什么通用的书目。读书要考虑到孩子的兴趣爱好、学识结构等，只要他喜欢，又充满了正能量，这样的书就可以读——而且一定对他有用。

为了说服她们，我常常举自己的例子。

四大名著中，《西游记》我读了十七八遍，《水浒传》《三国演义》我读了两三遍，而《红楼梦》却至今没有读完过。

其实我不读《红楼梦》，除了对一群十三四岁的男生女生卿卿我我实在不感兴趣外，还和小时候看的电视剧《红楼梦》有关。

《红楼梦》这部电视剧是王扶林先生导演的，剧组上下呕心沥血，使其成为一部"不可逾越的经典"。不过，我大概只看到

"惊噩耗黛玉魂归"一集，就再也看不下去了——这种以"葬花"（毁灭美好事物）为代价的悲情，实在不是我所喜欢的。

后来，扮演黛玉的陈晓旭女士仙去，可能也加重了这种"悲情"，我自此不读《红楼梦》。

若轩大概也有《红楼梦》中女孩的一些特点。

首先，她有着宝钗的雍容。

在传统文化方面，若轩有家学渊源。祖父的诗词创作深深影响了她，她自六岁起便有了自己的文学梦。

有梦想的人是孤独的。若轩固然没有"举世皆浊我独清，众人皆醉我独醒"的孤傲，也不会有"世人皆浊，何不淈其泥而扬其波"的浅俗，只是在圆梦的路上，她必须放弃属于她的那个年代的欢乐，踽踽独行。

自此，梦想和孤独陪伴着她。无论是在课堂上，还是走在路上，她均是一道独特的景致。

当身边的同龄朋友还在为争夺游戏机而闹得不可开交时，若轩却坐在教室、书房习字学画，写自己的文学作品。

有梦想的人是幸福的，因为孤独的尽头便是炫目的辉煌。

如今的她，不仅弹得一手好琴，下得一手好棋，还写得一手好字，画得一手好画，有着宝钗一般的雍容。

其次，她有着湘云的豪气。

这种似乎不属于女性的气质使她很坚强。

文学之路并不顺畅，但若轩从来没有放弃，她说："有的时候我真的觉得自己很任性，但还是阻止不了自己追求梦想的脚步。"

她哭过、笑过、悲伤过、欢喜过、徘徊过，却不曾停顿过。

于是，她的作品陆陆续续发表在各种报纸杂志上，一些奖项不期而至。诗文集《我是人间惆怅客》发行初始便轰动一时，受到了社会各界的广泛关注。于是，第二本书《忆见君子，我心则休》随之面市。

也许若轩并没有真正感受过事业的艰辛，并不能真正明白人生的蹉跎，她只是想，为什么不能去做一做呢，即便失败又如何？

她决定去写一本书，关于张爱玲的书。

佛家称此为"发愿"。"愿"不可轻"发"，因为"言"出必"行"。

地藏曾誓言，"地狱不空，誓不成佛，众生度尽，方证菩提"，然而众生痴迷，菩萨至今仍需在地狱度化他们。

若轩的愿望倒也没有那么惊天动地，但是以二十岁的人生阅历去描绘一个已经绵延半个世纪的"张爱玲现象"，写出她自己心中的张爱玲，实非易事。

飘落了秀发，咬破了嘴唇，看花了电脑屏幕……她做到了——这便是这位95后女孩的豪气！

翻了几页样章，我便被二十岁拥有这种难得的深邃而惊艳，近些年来，书写张爱玲的书并不在少数，但若轩的这本书并不同于以往的以时间线索叙述张爱玲一生的书，而是首次将目光聚焦到风云变幻的张公馆内部，张爱玲的父母亲人也在书中悉数登场。

那些精致的分析解读让我感觉到若轩好似就在张公馆生活过一般，二十岁的女子将文辞与深度结合也不是一件容易的事情，但在我看来若轩已经做到了，我在她的第三部独著中看到了她的进步，世界永远不会辜负一个一直追梦的人，我希望若轩会是那个宠儿。

最后，她有着黛玉的才情。

若轩与黛玉有缘，她生来便带着"林妹妹"体质。

"其实我身体从小就不好，体质差。"她说。高中的时候，在完成一天的学习后，她便在深夜开始自己的创作。"可能是这个原因，我身体越来越差。"于是在班里，若轩被戏称为"林黛玉"。

羸弱的身体也就成为她的屏障。高考的最后一个月，她每周都在打针输液，学业也是一落千丈。最终高考成绩出炉，本想留在当地念大学的她，不得不背起行囊，远赴巴渝。

如今的若轩颇有名气，来采访的记者也都亲昵地称她为"林黛玉"。

"我对这个称号其实是很反感的。"若轩说。她觉得自己与黛玉最大的区别在于，虽然都是身体不好，但自己并不对生活、对社会感到厌恶，反而是充满了热情。

不过，她的多愁善感、才思敏捷却还是像极了黛玉。

初中时，她因为看张爱玲的书籍，整个人经常处于书中悲伤的情绪中无法自拔，以至于家人不敢让她再看。

若轩这样评述张爱玲和她的母亲：

终其一生，谁还不是谁的附庸？张爱玲是这样，黄素琼也同样如此，但总归是母女，追求的毕生目标似乎有着相同的色彩。她们要的从来就不是权利与财富，甚至没有想过自己的名字可以惊艳后世，奔跑一生，为了自由可以抛弃所有，求一个自由，求一个可以拒绝的权利，一种可以选择的勇气。

——思想深刻，笔力遒劲，已经超越了她的年纪，跨越了她的时空。

若轩的才情，不输黛玉。

最后的最后。

我用"红楼"女孩来分析若轩，也许不是她喜欢的。只是她的许多特点，已被《红楼梦》描述尽净。

《红楼梦》的伟大，在于它的细致和深刻，在于它的悲情和毁灭。

若轩似乎就有这样的悲情。

她不喜欢繁华城市的喧闹，却独爱幽远宁静的古城和山水。她说："我与诗词的缘起，似淡墨疏烟，草篆难言，今生今世，似乎在等待一场重聚，一起去见证尘世烟火、情深别离。"

也许只有孤独者才拥有最自由的灵魂，守得住寂寞才等得到繁华。

若轩解释她的选择说："在浮华的年代，需要穿越时空的古韵来稳定人心。"

这么说来，就不是悲情，而是悲怆了——因为她已经肩负起传统文化薪火相传的重担。

这副重担压在纤纤弱质之身，让人不由得产生敬意。

张爱玲的风华绝代好像已经是前生的记忆，就像是一场遥不可及的梦幻，在若轩却是梦醒时分，裙裾轻飏间，她走向更瑰丽的远方。

也许，再有操心的妈妈请我推荐书目时，我也有选择了：如果喜欢，你的孩子可以读一读这本书。它经过砥砺切磋，是一部心血之作；它有着古韵新声，融合了阳春与白雪；它提炼了旧的时代，描绘了新的希望。

是为序。

钱斌

2017 年 11 月 1 日

自序

驷之过隙，笔耕于文年过七载，有意奋书两年有余。热衷于文字的铺陈排列，喜好工于精致，奈何精致未达高峰，也知内容与形式应达到完美统一，故而欲试此文。众读来可知童言无忌，碍于桃李无语，可一笑泯之。

缘分始于欣赏

那位"卧轨志士"在解脱之前无意间说了一句话，他说他不喜欢成都终日阴沉沉的天气，觉得那里的人像是在搞什么阴谋。我不清楚他们在做什么，但我知道上帝搞了一个"阴谋"，而且是针对我的一次安排。两年前阴差阳错地来到了云山遮绕的"雾城"，开始了半梦半醒的时光。

似醒非醒，湿冷的夜撩拨着我几近崩溃的神经，它马上变得脆弱不堪，身穿棉麻素裙，风一吹，倒是显有几分北方人不该有的瘦弱，再多上几分忧郁的神色，竟然与南国的景色浑然天成。印象中曾听一位长者朋友说过一句话，已经快记不清他的样子，只记得他郑重其事的那句："我不建议大学期间的学生去读王小波，现阶段你们的阅历还不够去品味他。"我想，如果少时的王小波先生顺听类似的话语，恐怕"王小波"这三个字仅仅是个被人遗忘的名字罢了。我任性地认为，文学什么时候竟与年龄有着如此深切的关联？恐怕早慧的张爱玲遇见此情此景，会被妖魔成异类，虽然她本就是个"异类"。

浅夏正是梅雨肆意的时节，《忆见君子，我心则休》即将出版的时候，收到宇鹏兄长的邮件，说起《重庆晨报》的采访事宜，也许因为风湿病患的侵扰，或是因梅雨泛滥的小情绪急于倾吐，我接受了采访。两位记者老师不顾绵长的梅雨与交通的不便，驱车奔至学校与我进行长达两小时的深度对话。这次采访，至今思来仍让我甚感欣慰，为了一个素不相识的异乡女学生，他们可以调查、走访、记录每词每句，虽然这是他们的本职工作，但是这种尊重让我欣慰感动。

与文字有关的人的缘分也许都始于欣赏，欣赏与尊重从来都是并驾齐驱，欣赏是一切的开始。我在铺陈文字的时候有意不对女神用"喜欢"二字，恰似一个幼稚的小粉丝，一个不成熟的"张迷"。单方面认为"喜欢"二字好似亵渎了这位旷世才女，因为我终其一生也是不可能与女神张爱玲相提并论的。因为欣赏，我与她的文字缘分也许就此开始。

一直都想写写她的陈年往事，有人劝告我说，年龄较小，阅历不达，是无法驾驭有关张爱玲的文字的。病若柔柳的我不知何时就来不及告别人间，或许几年，也许明天。若是我有幸存活长久，四十岁，五十岁，甚至六十岁我都愿意去重新解读张先生，笔耕不辍，生生不息。

我是有多鲁莽，许是被暑气冲昏了头脑，一个 95 后的非资深"张迷"现在要决定用自己稚嫩的文字和思想致敬张先生了。

　　此时此刻，我依然有精力坐在酷热的窗前，用苍凉透骨的文字冷却躁狂的心灵应该是目前最好的避暑方式。2020 年 9 月 30 日是张先生诞辰一百周年的日子，借此机会，我愿意顺势焚一炉香，表达对张先生的敬仰之情，一切都还来得及，那么，就此开始吧。

　　你好，张小姐。

自序

石若轩

二零一七年九月

目
录

一个命题的出现，总是在文明产生之后。爱情与生活似乎是一个永远值得讨论并一直被追求和挖掘的话题。虽然说不做戏中人，方知心外事，但是不可否认的事实便是每个人都是故事中的角色，也同时是热衷探索和挖掘其他故事的旁观者。

——李志宏

第一章

『红楼』别夜堪惆怅——沉香婀娜的人生

生命是一袭华美的袍，爬满了虱子。

——《天才梦》

独握残枝不自知，被时光遗弃的预言

许是为了躲避无处不在的虱子，the bag lady（一个居无定所的老妇人）穿着市面上最廉价的简易拖鞋仓皇行走在洛杉矶无人问津的汽车旅馆附近。出不可无车的洛杉矶，车水马龙，司机唯恐撞到这个"bag lady"，为自己惹上不可逃脱的麻烦，于是车速好似变得更快了。

她怕虱子，所以不厌其烦地去寻觅各类假发，把头发剪得这样短，不戴假发的样子怎么会是张小姐呢？她也许讨厌不干净的墙壁，那一颗颗不经意的黑点，像是无尽深渊的黑洞，稍有不慎就会在黑洞里爬出那些万恶的虫，所以心甘情愿地搬家，也许是180 多次，甚至会是 280 多次。

此时的 Eileen Zhang（张爱玲的外文名）正被海峡两岸和香港的"张迷"们热烈地讨论着独一无二的人生，千疮百孔的爱情，华丽苍凉的文字，她简直如神一般的存在。她是可以被写入严肃的学术研究的，她是可以充当在地摊旁茶余饭后的谈资的。听说在台湾，有人甚至看见了时下兴起的饮品瓶上印着"原来你也在这里"的广告宣传语。

"出名要趁早啊，如果来得晚了，快乐也不是那么痛快"，此时有意无意地把自己装扮成了"the bag lady"，还记得这句话吧。精于造语的得意，和自绝于世比起来，似乎不再重要了。

听说后来炎樱嫁得很好，作为青春留影不多的知交，她委实

是替炎樱欣慰的。炎樱言谈之中也不免欣喜得意的神情，她粗枝大叶，忘了其实这些话是刺痛了敏感的张爱玲的。渐渐地便淡漠了，不忍听到知交的快乐，使得正处于挣扎中的她显得更加冷落凄清。当然，人性中最丑恶的一面是不会折射到张爱玲的身上的，她是不忍心践踏自己高贵的灵魂的，毕竟她是张小姐。那些坚定的友情只能共青春，却无法共晚年，这是人际交往中的注定，张爱玲如此，世人亦如此。

也许她担心受到人性中最丑恶的特点的侵扰，对人际交往这门课程，我猜测她是厌学的。所以，就这么悄无声息地自绝于世，不去理会，无所畏惧。

180多次的搬家经历，即使再厌恶虫，作为张爱玲，她也会有自己的选择标准，我想她从来不会与"饥不择食"这个词语产生关联。无意中的一次讲座提到这些原则，听到之后我把它记录了下来，并有意识地想要与她切合，因为身处郊区的学校，我被蟑螂困扰，这令我焦躁不安。1984年到1988年3月，她平均每个星期搬一次家，上午忙于搬家，下午则奔波于医院，晚上回来常常是误了公车。生活中的跳蚤也许已经不存在了，那么精神上的跳蚤如何驱赶干净，强迫症还是怀疑症的界定到现在无疑是毫无意义。

那种沁人心脾的寒冷也杀不尽万恶的跳蚤，张爱玲不喜欢猫狗等动物，对陌生人可能总是那么仓皇，甚至载她的人力车夫，都觉得可耻而又害怕，她不敢去看车夫的脸，眼睛偏执地望着车轮一角，可以听得见时间流逝的声音，所有的想法只剩下逃开。

她独自筑起一面冰冷刺骨的天然屏障，对陌生的人间总是充满恐惧和怀疑，即使生活再华丽，有可恶跳蚤存在的事实总是令人厌恶的。

夕阳"犹抱琵琶半遮面"的时候，她也是静坐在父亲的书房中读过《三字经》的，书房中的云雾夹杂着悠扬的紫檀香，那是父亲寂寞时的味道。云雾越发浓重，那句"人之初，性本善"被不安的她看作了"人之初，性本恶"。

一周岁的"抓周"一直被老人们认为是孩童天性的初始，后来家中的女佣告诉张爱玲，她抓的是一支毛笔，而另一位女佣则说是一锭元宝。说起元宝，张爱玲一直称自己为财迷，虽然这个财迷一生都为金钱所困。

她是自称小市民的，当然也称自己是世俗的，名字也是世俗的。"爱玲"两个字是从她的英文名字音译而来的。Eileen 的意思是病态的、忧郁的。且不谈这个英文单词与她性格的不谋而合，她说过愿意保留自己俗不可耐的名字，所以"张迷"们从来不会把她的名字与俗不可耐联系起来。

在图书馆浸泡时光的期末，与朋友谈到萧红与林徽因的命运归属问题。几年前私以为萧红的悲剧在于除开文学才能以外，其他方面几乎一无是处，31 岁的人生永远是一个即将爆发的矛盾综合体。她身上有着新女性的光辉，一方面渴求独立，另一方面又无限制地依赖身边的男人，遇到的每一个男人都成了她的真命天了——唯一的那颗救命稻草。现在想来，张爱玲的父亲是把女儿当作才女去培养的，即便他是个"鸦片少爷"，林徽因的父亲是把女儿当作天才去培养的，反观萧红的父亲则是把自己的女儿当作女子培养、当作贤妻良母去培养的。自认为才女与女子是不同的，而把女儿当作贤妻良母去培养也无可厚非，独特的历史环境也加速了萧红的悲剧，加之才女的身份，用"凄苦"二字概括31年的人生应当不为过。才华，也许是一生的错误。

空虚和冷寂的时候，人类喜欢用烟草来掩盖自己的无助。我想张志沂的吞云吐雾也是一种颓废的空虚，他是寂寞的，他寂寞的时候是会想念自己的女儿的。才女总是会拜倒在欣赏她的人的脚下，一个再怎样冷漠高贵的人，可能会拒绝一个喜欢他的人，也可能会厌恶一个排斥自己的人，但他绝不会去讨厌一个崇拜自己的人。这种欣赏情结放到才女身上，则会表现得更加强烈。我想比起黄素琼的辽远陌生，张志沂是在不经意间流露过对女儿的欣赏之意的。

具有传奇经历的人总是喜欢说一些预言之类的话语，就像是每一位出身不高的开国皇帝，总会不遗余力地寻找自己出身不凡、自带天神气质的蛛丝马迹，此类预言是故意为之，一般人们认为那些不经意的预言均是带有悲剧前奏的色彩。如清代建国之前流传于女真部落的"叶赫那拉灭国论"，又如宣统皇帝溥仪登基当天的"快完了，我要回家"等诸如此类的预言均是为事情的发生披上了一种神秘的宿命论色彩。

张爱玲到晚年的时候还因为《西风》的评奖结果而耿耿于怀，她特意执笔解释了自己由首奖沦落到第十三名的荣誉奖的事情，文中说自己的作品是五百字，刚好符合征文的字数要求，而首奖的字数超出太多不符合规定。根据一些前辈学者的考察，张爱玲可能是因为粗心疏忽了"五百字"与"五千字"的区别。

"生命是一袭华美的袍，上面爬满了虱子。"一位仅 20 岁的女子可以写出这样深刻苍凉的文字，这无疑显示了作者非凡的创作才能与超出常人的世俗洞察力。后来征文获奖作品结集出版之时，主编采用了张爱玲的《天才梦》作为整本书籍的名字，这也从侧面反映了其对张爱玲作品的充分肯定。

并不是说一位惊世作家是如何斤斤计较、小肚鸡肠的。我想说的是，无论是作家亦或是普通人都有正常的心理情感需求，第一次作文当然是希望得到他人的赞赏。"自恋"情结是每个人都具有的，喜欢与文字打交道的人都是不快乐的，很多以文而生的人的所有人生乐趣可能都源于作品，她需要得到尊重。

我们都以为"生命是一袭华美的袍，上面爬满了虱子中"的"虱子"是一种象征，却不知对她而言竟是事实。一位光芒四射的作家，能够经得起时间淘洗的才女，是在用生命去写作，用灵魂在创作，直到生命与文字合二为一，到最后，分不清文里与文外。

张子静说姐姐是早慧的，张爱玲以早慧的双眼透过云雾缭绕的深宅大院看透了世间的苍凉与人性的阴暗，并把这些阴暗撕碎了给世人看。生命是一束纯美的火焰，我们都是依靠自己内心的太阳而生存的，可是张爱玲的太阳在哪里？

"我在这儿。"

"我在这儿呀！"

任凭她声嘶力竭地呼喊，那对号称金童玉女的夫妇也是看不见的，丈夫只愿意在自己的云雾里沉沦，妻子认为对家庭的牺牲从来不是理所应当，她有踏着三寸金莲去周游世界的勇气。

这是一袭华美的袍子，披在贵族身上的它，曾经光艳照人、举世无双，但洗却之后却被放在阴暗的旧宅里任凭跳蚤肆意侵犯。她最后是想迫不及待地丢掉这个袍子，身外之物总是丢得不够彻底，想在这个陌生世界的某处挖一个黑洞，毫不留恋地走进去，再也不想回头。可是这件华美的衣服已经在她决定离开上海的那刻起，就与她的皮肤黏在了一起，她拼命地逃避、撕扯，却也是无济于事的。

她还是那个她，把记者"逼"到自己的隔壁，试图在垃圾桶中的弃物里寻求她的苍凉遗迹的她。世人逮到了自己的踪迹，她是不开心的，带有一丝反感情绪的。还是那么恐惧世界，这点却没有发生一丝改变。

惧怕陌生人，许是接受了英式教育，她从不愿意在卧室里会客，住的公寓也一直都是单身公寓，只有卧室，没有客厅。

天才总是有着雷同的经历，不知那句"爬满了虱子"是她的不经意流露还是故意为之的事实，无论怎样，也成了事实。

也许每一个男子全都有过这样的两个女人，至少两个。娶了红玫瑰，久而久之，红的变了墙上的一抹蚊子血，白的还是"床前明月光"；娶了白玫瑰，白的便是衣服上的一粒饭粘子，红的却是心口上的一颗朱砂痣。

——《红玫瑰与白玫瑰》

历历前欢朱颜瘦，麟昂华贵的门庭

记忆中的天津是橙红色的。

1840 年以后，五四运动以前的中原弥漫着一片血红色，直到五四新文化运动的开始，传统与旧俗、科学与愚昧、文言文与白话文被分裂为两个世界。北伐的硝烟席卷大半个南方，风雨中的紫禁城摇摇欲坠，一对不知所措的母子守候着最后的城池，不知等待他们的将会是什么。

此时的时代似乎回到了周天子的岁末之期，群雄逐鹿，各路人马纷纷问鼎曾经象征天授的礼教。这个时候，有不少人认为只要是传统的东西，就是不好的东西。

与喜欢荡秋千的疤丫丫谈论云卷云舒，喜欢和毛物一起假扮黑漆漆的张飞。姨奶奶搬了进来，家里变得更加热闹——大大小小的宴会，起士林的舞会。奶油蛋糕腻得让人慵懒，靠在女佣的背上，下午三点照例要返家，趁着月色被抱上铜床，梦见在梳妆台旁吃着云片糕，静静昏睡过去，一早醒来便急着睁开眼去看橙红色的阳光——春日迟迟的微悦。

这里是 1924 年的天津。

两岁的时候，张爱玲的家由上海公共租界的张公馆搬至天津。这段天津岁月是不同于战火纷飞的另一个平行世界，张公馆的墙里充斥着橙红色烟雾，墙外还是风云变幻的岁末时期。

"曾朴所著的《孽海花》中的男主人公庄仑樵，其实就是我们的祖父呢"，张子静曾对姐姐说。每一位在仕途宦海挣扎的人应该都想成为下一个张佩纶，大起大落的仕途经历与亦真亦假的风流韵事是当时许多求仕之人的奋斗目标，张佩纶甚至替很多在官场中打拼的普通人活了一次。

张佩纶是清末"清流派"的主要组成人员。同治时期曾被授官翰林，后至授讲，刑满释放后摇身一变成为名臣李鸿章的乘龙快婿。《孽海花》中的庄仑樵是地道的"凤凰男"，这种"凤凰男"因祸得福的神奇经历，更是多多少少给了在宦海中沉浮的普通人一丝向上的力量，一种才子佳人式的安慰。

生活中与人谈起张佩纶鲜为人知，一般要在介绍张佩纶之前加上一个前缀：张爱玲的祖父。在自古固有光耀门庭思想的中国，这样的前缀是无限的荣耀，至少对张佩纶来说，这个孙女的存在是一种空谷绝音的回响。

张家很多人一直都认为贵气的祖母李菊耦是一朵鲜花生在了牛棚里，所以不太喜欢张佩纶。一名"囚徒"，年纪又大，没有华贵的出身，相貌也不值得为人所称道，尊贵的祖母配这样的祖父实在是可惜。

但是"当局者迷旁观者清"，张佩纶出场时貌不惊人却偏偏邂逅近李家小姐慧眼识英雄。作为见证紫禁城夕阳的"背锅"名臣李鸿章听闻是惧内的，李夫人起初是反对让自己的女儿嫁给年至中龄的张佩纶的，想必也是在李府大吵大闹过的，但是女儿的意愿，作为慈母是不会拒绝的。

"创业容易守业难""吃水不忘挖井人"，但这口井对张志沂来说挖得太深了，想超越父亲的功绩几乎是不可能的，后来索性就吞云吐雾、自甘堕落了。

这样的光环是巨大的阴影，时时刻刻笼罩着本就习惯波澜不惊的张志沂。被战乱遗忘的张公馆，门外是战火纷飞、官逼民反、各竖大旗；门里是姨太太们叽叽喳喳的议论和一大堆倚在墙角的女佣。

这种被人遗忘的世界总容易催生出两种极端对立的性格特点。父亲是封建遗少，喜好嫖妓，流连鸦馆。母亲要效仿娜拉的出走，要争女权，周游世界。张子静无疑继承了父亲的习气与性格特点，而张爱玲恰似母亲，又不同于母亲，若即若离，朦胧恍惚。

才子佳人与金童玉女也无法成就完美的婚姻，也许完美的婚姻是存在的，但完美的人却是不存在的。很快，张志沂与黄素琼的婚姻也开始变得战火纷飞，张茂渊与兄长的关系也日益恶劣，在不自觉中与嫂嫂越走越近。

在男尊女卑的时代，极力维护强调男性尊贵地位思想的人往往不是家中的主人，而是那些坚定的门第维护者——女佣。在女佣那里，张爱玲很早就萌生出一种男女平等的观念。张志沂是无暇顾及女儿与儿子的地位问题的，而在女佣的态度上却可以显示出来。

张子静与张爱玲年龄所差无几，张子静生得一副秀丽面相，甚至不像男孩子般的粗糙，幼时是由女佣张干照料的。张干觉得自己照顾的是少爷，是未来张家的主人，自然是自带一种伶俐要强的神色。照顾张爱玲的女佣因为带的是小姐，便自觉地心虚惧怕，处处受制于张干，这种事情，张爱玲怎么可能忍受？她要自己嫁得远远的，她有什么权利去要求我？

8岁那年，这种橙红色的空气渐渐消退，自天津到上海的变迁，很多东西正在悄悄发生微妙的变化。

张爱玲在门外跑进来，那种古墓般的寒冷突袭而来。父亲瘫软地靠在阳台的竹椅上，胸口挂着毛巾，那毛巾还在滴着水，他两眼直勾勾地盯住外面的雨滴，不知道父亲嘴里喃喃地说些什么。他是要吗啡针吗？张爱玲不敢去想，她很害怕。

她不去多想，相比母亲，她从不对父亲苛求什么。后来父亲的存在感是那么弱，以至于小说中的男性角色不好划分出突出的特点。

到底是个遗少，遗少有时候与才子只有一丝相隔。父亲喜好吟诗作赋，喜好舞文弄墨，也曾以写作天赋超群的女儿为骄傲，竟然"放弃"了张家未来的主人——他的独子，后来张子静还真的是"独子"了——独自去做所有的事情，独自完成自己悲凉的人生。

张志沂有寂寞的时候，在寂寞的时候会把女儿的作品拿来欣赏一番，会放下烟袋去为女儿评改作品。说来奇怪，也许因为这种欣赏，此时的张志沂没有显得那么讨厌。

张爱玲喜欢人种学，可能起源于她的母亲黄素琼。母亲是在父亲生命朝不保夕的时候从海外回来的。女佣说黄素琼不像是中国人，头发不黑，倒像是拉丁人。

捆绑的夫妻离开了封建的礼教一定会松动，那种不情愿的情绪因为五四运动的席卷，变得紧张起来。黄素琼反感女性的"牺牲"思想，她宁愿与小姑子去法国学习美术，也不愿意再陪张志沂吞云吐雾了。

张志沂在鬼门关走了一遭，还魂之后似乎更加珍惜这种云雾缭绕的日子了。只是抽几袋烟又算得了什么，这种"云雾畅游的心得"须得有人分享才是。于是，新欢进门，击碎了黄素琼最后的一点幻想，她走了——也早就想走了，现在不过是这件事情让这种出走理由更加正常了。

张爱玲早就习惯了父母之间的激烈争吵，她心里甚至渴求一种解脱——不如解除婚约，这样对双方都没有坏处。

母亲的决定张爱玲无疑是赞成的，她还不止一次地强调父母离了婚的孩子并不像人们想象中的那样不幸。

家里的空气变了，以前是橙红色的，现在是银灰色的。那不是一种慵懒，而是一种颓废——废了！真是废了。

张爱玲早期喜好阅读旧报上刊登的鸳鸯蝴蝶派的小说，对后母的恶劣形象，她从心里是抵触的、害怕的。此时的她看到在自己这里故意讨好的姨太太竟然是闪过一丝幸运情结的。但姨太太只是个前奏，后母的正剧即将开场了。

后母是孙宝琦的女儿，也是出身名门的大小姐，小姐脾气是一定有的，但还不至于把她从阳台上推下去。但是这种小姐脾气只是小插曲而已，心思阴鸷细密才是后母的本色，至少在张爱玲眼里，是这样的。

因为在校读书，张爱玲起初并未与后母产生过激烈的冲突，敏感的她碍于生活中的事实，与孙用藩维护着表面上的太平。但这种粉饰太平的日子也并未长久，随着黄素琼海外再度归来，命运与情感遭遇十字路口的碰撞，这种表面和谐的空气迅速汇集成狂风暴雨。

在张爱玲眼中，母亲是在神坛上的女人，是一种陌生的崇拜，有向往，也有罗曼蒂克的爱。无论这种母爱是怎样似有若无，作为一个正常的孩子，母亲回归对女儿而言应该是令她喜悦的。

一个嗜烟如命的遗少，对生活中的任何事情都可以漠然，他可以拿出一刻钟的时间与女儿谈论文学，这种事情在张志沂看来是莫大的恩赐了，而女儿竟然心向那个不安分的女人，这实在是令自己无法接受——痛心、愤怒。

写作的源泉都源于童年阴影的爆发，这种井喷一般的爆发，让张爱玲在以后的岁月里不断寻找、不断印证。

她一直与一群男人争夺一个女人，同样也是与一群女人争夺一个男人。她也同样被一群男人和一群女人来回拉扯，就这样，在华贵阴暗的张公馆中残喘求生。

我是一个古怪的女孩，从小被目为天才，除了发展我的天才别无生存目标。

——《天才梦》

悠悠梦里人何处，与文字相关的孩子

想来是她在用人们的闲谈中捕捉到的灵感，这种早慧在张爱玲7岁的时候就已经初露端倪。初涉小说领域是一篇家庭伦理悲剧，写的是哥哥外出经商，留下嫂嫂与小姑子，小姑子暗暗下决心要送嫂嫂去阎罗殿的故事。因为太小的缘故，很多字在脑海中出现，却无法落笔到纸面上，请教过女佣们，也愿意一路小跑去问家中的厨子。

张志沂的书房是一定会有《三国志》《隋唐演义》之类的书的，这也成了张爱玲记忆中最早的"老师"。7岁的家庭伦理悲剧搁浅，她转而去关注"一个兴兴轰轰橙红色的年代"，因为这与张公馆橙红色的烟雾似曾相识。

处于寻求认可阶段的孩子总会因为大人们的夸赞而扬扬得意，她也是如此，无论这种夸赞是否郑重其事，是否出自真心。

但是对一个幼童来说，这种恢宏壮阔的历史构架，总是驾驭得不那么恰如其分。即便是张爱玲，她也需要在众幼童的气氛中成长，所以受了同窗们的影响，同时她也有类似的向往，这种"快乐村"文风曾反复出现在她的童年记忆中。

她是最无法忍受当时的一种文艺腔调的，以至于多年以后不敢相信自己写过醉人的春风。她描绘最绚丽的作家梦，作品在学校被疯传、被抢夺。

在不热衷于文字铺陈的年纪，第一次观看《啼笑姻缘》，我

一度认为它的原著作者一定是个女性无疑。直至接触到鸳鸯蝴蝶派，张爱玲自小学伊始便成为张恨水的忠实粉丝。

出于对"男神"的崇拜，她也喜欢追随，中学的时候便写了一篇鸳鸯蝴蝶派风格的作品《摩登红楼梦》。她一直钟情于《红楼梦》，回目由张志沂代拟。

与文字有关的人的启蒙读物，多数与《红楼梦》有关，中学的张爱玲已经对红楼中的人物情节铭记于心。《摩登红楼梦》中出现的人物与曹雪芹先生描写的人物相差无几，性格方面也没有做什么很大的改变。唯一的改变在于"摩登"，住楼房、坐火车、逛舞会、始乱终弃、出国离家这些东西放在《红楼梦》中的人物身上竟没有显得半点奇怪。

她是在圣玛利亚女校就读的，圣玛利亚是名副其实的贵族院校，众人热衷于淑女气质的培养的时候，文学才女的出现，让她在人群里格外耀眼。

随着文字的大量堆积，我越来越认为形式与内容的完美统一是每一位写作者应该追求的目标。多数女性作家在初涉作品的时期，一般是热衷于华丽文字的排列，伤感的小情绪，对文字的敏感，加之自己本身的敏感，"美人迟暮，壮志难酬"之叹也曾出现在张爱玲的笔下，此时那种"苍凉的手势"还未形成。

即便是张爱玲，我们同样也不能过分地苛求。我在写作初期也曾受到"同行"的"文学批评"，言论大多为文字华丽堆积、内容空乏之类的词语。虽说心中不悦，但也需耐心地"请教"他们的作品，翻开如是，原来是"青菜萝卜，各有所爱"。在没有人与人交接的场合，张爱玲充满了生命的欢悦，她就是这样绝顶聪明。这些写作的女子，都适合远离人群、自我欣赏。

敌人造成的困难很容易接受，朋友取得的成功却令人无法忍受。

20 世纪 30 年代，新型历史小说开始兴起，作家喜欢旧瓶装新酒，寻找民间耳熟能详的历史故事，配以自己的独特视角重新融合回炉创作出新的作品。

张爱玲也顺势而为，《霸王别姬》应运而生，以虞姬为视角的描写穿插于文字之间，一种难得的女性独立意识开始出现。

当那叛军的领袖骑着天下闻名的乌骓马一阵暴风似的驰过的时候，江东的八千子弟总能够看到后面跟随着虞姬，那苍白、微笑的女人，紧紧控着马缰绳，淡绯色的织锦斗篷在风中鼓荡。十余年来，她以他的壮志为她的壮志，以他的胜利为她的胜利，以他的痛苦为她的痛苦。然而，每逢他睡了，她独自掌了蜡烛出来巡营的时候，她开始想起她个人的事来了。她怀疑她这样生存在世界上的目标究竟是什么。他活着，为了他的壮志而活着。他知道怎样运用他的佩刀、他的长矛，和他的江东子弟去获得他的皇冕。然而她呢?

濒死的虞姬开始具备独立的女性意识，思考自己的悲欢离合，她不再是依附于项羽的影子爱人。即使悲剧的注定无法挽回，但在萧瑟的秋风中突然明白了女性的意义，张氏特有的苍凉开始在这里登场了。

她是爱项羽的，爱到忘掉了自己，时代也忽略了她的身影。

虞姬就是个影子而已，是项羽苍凉人生的陪衬而已。汉军袭来的一刻，虞姬终于顿悟，她要为自己活一次，即使是死，向死而生的决心让她拔出项羽的刀刺进自己的胸膛。结束了，有一点凛然，是一种超脱，她自由了。

研究者认为《天才梦》是张爱玲的处女作，这篇首发于《西风》上的"流言体"散文，一经发表，便不同凡响。

虽然以往在校刊上曾大量发表作品，但我依然认为这篇《天才梦》具有非凡的社会意义。《天才梦》是张爱玲首次在社会上的出版物公开发表作品，因为她不会永远待在女校里，一个作家，她是需要走出去的。况且相信女校里也是充斥着人性最丑恶的一面的，那真的会影响写作者的神经——衰弱，衰弱下去，她们喜欢看见天才去放弃。

是天才梦，是天才做的一场梦，现在对张爱玲而言，这已经不是梦了。

与文字相关的孩子都是不快乐的，她还是那么瘦，有神经衰弱的人的身材是无法发福的，与文字相关的人基本都是神经衰弱的。

她一定是不快乐的，我也是不快乐的，我们的灵魂游荡到天边，游荡到天边还不肯回来。

笑，全世界便与你同声笑，哭，你便独自哭。

——《花凋》

已忍伶俜十年事，一语成谶的开始

思想的天平开始倾斜，再也没有均衡可言。最反感的就是那些打着"为你好"的旗号，却给你泼冷水的人，黄素琼也许是无意识的，但这种无意识的行为，让张爱玲的自信心开始松动起来。

张志沂的批改真的不只说说而已，更不会是做做样子来显示他的才学功底——他没那么好的心情。他是从心里面佩服眼前的这个女儿的，所以愿意暂时放下烟袋，愿意去请专门的先生来为女儿的作品提出专业的指导。

后来他是伤心了，因为对妻子的愤怒，不惜把这种愤怒转移到女儿的身上，那种自以为的恩赐竟如水一般付诸东流，就这样被女儿"抛弃"了，这简直是一种背叛。从此在女儿的世界里，父亲的残暴永远多于他的欣赏了，女儿真的是自己跑到烈日下赤裸裸地站着，毫无安全感可言，这没有安全感的心理追随了她一生，也跑不过下一生。

母亲的新家不是避风港，是"兴风堂"。

她说船到的时候是深夜，而且下着大雨。她狼狈地拎着箱子上山去，不敢惊动管理宿舍的天主教僧尼，只能在伸手不见五指的门洞里过夜。忽然听见汽车喇叭响起，来了贵客，阔太太牵着女儿进了校门，宿舍里顿时灯火通明。她不知为何赔笑着上前问候。

她心甘情愿去赔笑？竟然如此落魄要在山洞里过夜？这当然

是她的梦境，后来成了自己的梦魇，曾不止一次地和他人倾诉过，包括和姑姑。

张爱玲把自己放置在寄人篱下的情境中，反复纠缠，不停地折磨，以至于不停地重复着相同的梦境，她是很少哭泣的，但因为这种梦境，却还是哭了，是真正的眼泪。

到底是张小姐啊，现在变成了学习"淑女"课程的穷学生，每天对着镜子微笑，所有的表情动作都要在镜子里彩排一次，才敢正式表演。每天对着镜子微笑，终于变成了不会微笑的人。

作为一个"演员"，她的演技在母亲眼里一无是处，什么写作才华，有什么用处呢？还是做一个淑女来得快乐体面，这两年的成长，张爱玲没有变成母亲期盼的淑女，黄素琼想来是略显失望的——宁可女儿死掉，也不愿意看到她这样活。

无处安放的灵魂在梦魇里愈演愈烈，直到她决心自绝于世。她惧怕一切有生命的东西——猫、狗、跳蚤、蟑螂等，这些东西折磨她，折磨她到崩溃。所以她躲，躲起来可能一切就都变得美好了。

神坛上的母亲的光辉在这个新家里，无时无刻不折射出张爱玲的自卑，她想逃避这种光辉，却没有任何办法。"辽远陌生"的情感让母亲握住她的手都显得心惊肉跳。

原来她是陌生人。

我们总是在希望与失望之间循环往复，期待逃离身处的黑洞，却满怀期待地进入下一个深渊。巨大的希望遇到潮水般的失望，在一碗澄澈的清水里放下一整块的砚台——洗不净，洗不净。

你现在还怀揣梦想与希望吗？没关系，在下一个地方，还是会失望的。

逃离父亲家的短暂欣喜，很快被神坛上的"辽远陌生"所颠覆，原来自己是一个生长在深宅大院中的废物。洗衣做饭都要重新学起，还总是那么迟缓，母亲细微的小动作让张爱玲越来越觉得自己是家中的"局外人"，这种寄人篱下般的担忧无处不在。

无题

他的过去里没有我

曲折的流年

深深的庭院

空房里晒着太阳

已经成为古代的太阳了

我要一直跑进去

大喊："我在这儿！

我在这儿呀！"

古墓一般的寒冷还未消退，她不得不赤裸裸地站在太阳下面，即使是古代的太阳。

由这种不被重视的情感而产生的怨恨慢慢滋生开来，站在四面环山的草场中间，云有点低，黑压压的一片，像要落下来，希望它落下来。

不喜欢听什么劝慰，所有的痛苦只有自己经历的时候，才会感同身受。在不被重视的情感压迫下，竟萌生出一种"夜郎自大"的批判，只当他们都是夜郎，不配上得厅堂。所有的女人都是同行，人性最丑恶的特点却是洗也洗不掉，但是"夜郎"去洗脑"夜郎男仆"，这显得这种"夜郎"也太卑劣可笑。

又能怪谁呢？黄素琼不会去欣赏女儿的天赋总也好过张志沂此时的暴虐无情，逃出来总是好的，可以逃向下一个地方。

母亲后来很少说了，一个天才把幻想变成了现实，母亲终于"妥协"了。

近来思考张爱玲与母亲的关系问题，常常会夜里做梦，梦里总是出现两个穿旗袍的女人撕扯衣服的场景，双方都是据理力争——高扬的眉毛，全身散发着法国香水的香气。

突然有了小女生的顿悟。

张爱玲与母亲的关系不像是母女，更不可能是姐妹，似师生关系非师生关系。是对手，是在争夺某个东西的对手，她们到底在争什么呢？

她以母亲竞争者的身份出现，对张爱玲来说，征服神坛上的母亲会比征服一个"鸦片少爷"更有成就感，但是一次次的失败，一次次的习得性无助，后来她放弃了，选择疏远。其实她早就胜利了，只是母女两人都不愿意承认罢了。

张爱玲在作品中把这种情感不经意地流露出来。如《金锁记》中的曹七巧，又如《半生缘》中的顾母。她作品中的母亲形象读来总是让人感到可恨，思来想去也不乏可怜之处，但是读来实在

可恨。

张煐，是张志沂为女儿取的名字，可能是张少当时心情不佳？忘记了才子佳人之感？自觉这个名字不太像一个才女的名字，但对张爱玲的作品来讲，这个名字与作品一样也算是雅俗并收，深刻而广泛。

黄素琼和女儿一样绝顶聪明，和女儿一样有预见能力。Eileen Chang 这个名字来自黄素琼的匆忙选取，可谓是一语成谶，从此忧郁伴随女儿的一生。

一语成谶，真的是一语成谶。

不知道为什么，18岁异常渺茫，像隔着座大山，过不去，看不见。

——《小团圆》

青石板上响亮的吻

一等到我可以扶墙摸壁行走，我就预备逃。先向何干套口气打听了两个巡警换班的时间，隆冬的晚上，伏在窗子上用望远镜看清楚了黑路上没有人，挨着墙一步一步摸到铁门边，拔出门闩，开了门，把望远镜放在牛奶箱上，闪身出去，当真立在人行道上了！没有风，只是阴历年左近的寂寂的冷，街灯下只看见一片寒灰，但是多么可亲的世界呵！我在街沿急急走着，每一脚踏在地上都是一个响亮的吻。

选自张爱玲《私语》

比起父亲张志沂，张爱玲对母亲的"期待视野"要更高一些，从她作品中刻画的女性形象就可见一斑。她对女性的性格特点、穿衣打扮，甚至好恶都是近乎完美的苛求，而相较于女性角色，男性角色的形象便略显单一，大致可以分为以下四种类型：

第一，类似于张志沂一般的封建遗少，性情暴虐，颓废自私。

第二，纯粹的花花公子，荒唐风流，处处留情。

第三，在花花公子与传统好男人之间痛苦挣扎的男性形象。

第四，最大的优点就是没有缺点，最大的缺点就是没有优点的存在感比较弱的男性形象，是一种软绵绵的性格，类似《半生缘》中的沈世钧。

在排列张爱玲作品中的男性形象的时候，脑子里又冒出了凄苦的萧红。多年以后，她的作品也许无人再看，但她的绯闻将永远流传。短暂的人生挣扎于几个男人之间，她无疑是缺爱的孩子，她是在寻找，那么，她在寻找什么呢？

私以为萧红一直在寻找的男人是她的祖父。这是一位教育方式、生活方式与萧红父亲完全不同的人，祖父是希望萧红成才的，父亲是希望萧红去当贤妻良母的。祖父是在凄苦岁月中，唯一一位给过萧红关爱的人，所以在以后的岁月里，在凄苦挣扎的旋涡中，萧红依然渴望"祖父"的出现，但可悲的是，"祖父"再也没有出现。

同样的，张爱玲的作品中几乎所有的男性形象，都能找到父亲张志沂的影子。她没那么苛求这些男人，或者可以这样说，这些男性角色的存在感远远低于女性角色。那么，是不是可以反映出张爱玲对父母的情感态度倾向呢？

她对母爱是渴望的，是苛求的，甚至是想去征服的。但是对父亲，她是惧怕的，是有些怨恨的，但是也带有同情的成分在其中。随着存在感的不断降低，她开始同情起来，这种无所谓的情感态度，也让这种"同情"带了一丝不可言语的"分裂"。

黄素琼离家不久，继母便进了张家的门。一直觉得张志沂毒打女儿那段文字是如此可怕，感叹于张爱玲强大的文字，让孙宝琦女儿的恶劣形象流传至今。这几日，在与母亲聊天中产生一丝疑惑，这段毒打会不会有罗生门？如果有第三方在场，第三方还有文字流传的话，会不会产生另外一种说法？

但是张爱玲的囚禁岁月，被父亲拳打脚踢的经历总归不会是假的。不能说是天才的妖魔化手法，至少在我这里，我是相信的。

根据张爱玲堂弟的回忆，他记忆中的张志沂在女儿离家出走后，要求女儿的卧房还是保持原来的样子，家中除了他谁也不可以进去，有的时候，他会独自在女儿的房里坐一下，发一会儿呆。

读到这里，我感到一阵心酸，张志沂是有后悔的情感存在的。

继母与继女的关系可能就像伦理剧中的婆媳关系，总归是要爆发的。张爱玲不止一次偷偷去母亲那里，回到家中后，继母问她为什么不告诉自己一下，张爱玲说已经告诉了父亲，继母怒火中烧，一个响亮的耳光拍过去。张爱玲处于自卫的本能，准备还手，继母却叫嚣起来，冲着楼梯大哭大闹："她打我！她打我了！"

父亲踏着拖鞋自楼梯上飞奔下来，揪住张爱玲的头发就是一顿狠毒的拳打脚踢，厉声喝道："你还敢打人了，你打人我就打你，今天非打死你不可！"

随后张爱玲被关进"囚室"，达半年之久。期间她患了痢疾，痛不欲生，处于绝对强势的父亲对她不闻不问，加速了她要逃离的决心。这段经历日后印证到顾曼桢身上，也便合情合理了。

后来因为战争的缘故，她与母亲失去了联系，姑姑的钱也只能勉强养活自己，但是她要去上海圣约翰大学继续读书。所以，也就有了弟弟张子静的回忆。

张爱玲面色冷漠地走进了父亲的家门，在客厅里，见到了父亲。她机械化地把求学无钱的事情叙述了一遍，张志沂表现得很温和，叫她先去圣约翰大学报名，学费会由张子静送去。

父女两人的这次会面不到十分钟的时间，此后直到父女两人双双命赴黄泉，也没有再见过面。

这种冷漠，这种决绝，是一种生死不复相见的"誓言"。

相信父女俩曾是文学上的知音，父女俩在创造者与聆听者之间不断变换角色，那种真诚和欣赏不会表达于口，更不会在表情中感受到，但是杂志上的篇篇文章，它们感受得到。

张茂渊说过："到了你们这一代，该往前看了。"其实那个时候的"官二代"已经没有了往日的辉煌，时代造就的悲哀再加上张佩纶的光环，张志沂只会变得越来越堕落，越来越暴虐，终究是由一个才子变成了遗少。

科举的废除对张志沂来说是莫大的悲哀，现在的学富五车都变成了废纸一车，无用的辛酸让人感叹他生错了时代。

"五四"就像一个分水岭，把张志沂和黄素琼分到了河对岸的两端，一个在旧时代的土壤中求生，另一个在新舞台里学习自由之舞。新与旧的激烈碰撞，张爱玲还是偏向新的一边。

多年以后的午夜，那个给《摩登红楼梦》拟回目的父亲也许还是会偶尔在她的脑海中冒出来的，感叹于命运安排的家庭悲剧，可能也会同情起一个在新与旧中挣扎的人物的凄凉。

当年从逃出父亲家的那一刻起，她就一直在逃啊，她在街沿急急走着，每一脚踏在地上都是一个响亮的吻。

第二章

天才织梦思华年——惊艳文坛的少女

你如果认识从前的我，也许你会原谅现在的我。

——《倾城之恋》

"孤岛"上奏起交响乐

有评论称在上海沦陷时期声名鹊起的张爱玲甚至像是一个自私的商女——一个不知亡国恨，喜欢唱《后庭花》的作家。

"天才作家有着上帝赐予的天赋"，她当然不想辜负。对生命壮阔的执着与对文学探索的执着同样重要，怎样架起古典与现代之间的桥梁，她也在积极探索着新的方向。比如她在接受新事物的同时，也不曾放弃对《红楼梦》的珍爱。

这从张爱玲耗费十年心血完成的红学研究巨著《红楼梦魇》的自序里对《金瓶梅》的肯定就可见一斑。张爱玲自称《红楼梦》与《金瓶梅》是她一切的源泉，在现当代文学史上，直言不讳地声称效法《金瓶梅》的作家恐怕少之又少，因为在大众视野中，《金瓶梅》实属哗众取宠的淫乱之作，就像大家谈及李安执导的《色·戒》时，更多的人还是把目光投射在了色与情的较量上，而不过多关注影片以及原著中所传达的深层次内涵。在对待《金瓶梅》与《红楼梦》的某些态度上完全可以看到张爱玲对中国传统经典文学的无限热爱，能够敢于积极反思特定历史环境下的文学思想，这也表明了她对文学的勇敢之处。

八九岁的时候回忆母亲坐在马桶上阅读老舍的《二马》，十几岁开始写书评的时候深受"五四"作家丁玲的影响：

1936 年为丁玲所著小说集《在黑暗中》执笔书评

1944 年受邀参加女作家座谈会，谈起丁玲

1954 年在《赤地之恋》中再度提及丁玲

1974 年打算为研究丁玲而做准备工作

　　我想张爱玲真正的写作动机除了她自己之外没有人能够真正地清楚。但有一点是可以确定的，她是一个无比清醒的人，也是一个永远不会思考如何迎合他人的人。可以说，张爱玲总会书写自己最深知的事物，自己最感同身受的事物，所以在她的笔下，尤其是年少成名的写作时期，文里文外是能够透露出很多"真的"痕迹的。

　　她的文风始终做不到明媚如花，孤独太久的人是不敢相信温暖绚丽的灯光的。不能说这就是所谓的矫情自怜，真正自哀自怜的小女子也许抵挡不住一次悲伤的侵袭。她是一个恋旧的人，她不舍得丢掉那些光荣与"酸腐气质"，就这样抱着支离破碎的梦想前行，她被宿命打磨成了无比矛盾纠结的人，一方面向往心若向阳便是千里风光，另一方面又拼命地向泥土里扎根。

　　但是没有人生来就甘愿在绝望中沉醉，若是有希望，谁会去享受绝望？

　　所以她有梦，她有她的天才梦，她依然相信天才梦的尽头是有光芒的地方，于是这些现有的孤寂与绝望都不是终点，她是可以光芒万丈的女子！

　　上海沦陷后，迅速成为一座"孤岛"。许多作家文人都不再创作文字，"乔装打扮起来"，把自己变成一个陌生人，那时就连梅兰芳也停止了热爱的京剧，留起了大胡子。

很多人选择暂避锋芒，这不仅仅是出于自身安全的考虑，更多的依然是中国文人自古以来的崇高爱国情怀。作为手无缚鸡之力的文弱书生，出于现实的无奈选择，他们不能选择激烈的方式与侵略者正面对抗，但是他们从始至终都在用无声的呐喊拯救残损的国家。

青春年少的天才女作家此时还并不擅长环形的思考方式，她的思想很简单，写的文章内容从来都是姨太太们的家长里短，至少在时人眼中是如此，所以再大的火也烧不到自己的身上去。

"出名要趁早啊！如果来得晚了，快乐也不是那么痛快。"这是张爱玲刚刚声名鹊起的时候的"得意一语"。此时的阳光是清净华丽的，吹在大小巷弄的微风是那么和煦，青春飞扬的少女好像从未受过什么人世磨难，也许只有沉浸在对文字热爱的海洋中，她才会暂时忘记曾经苦苦挣扎的"古墓"。

我时常在想，恐怕没有几个作家写作的初衷是如此"露骨"的，甚至在当时的人眼中是"赤裸裸的"，她就是这样直言不讳地替小市民代言。

成名是每个文字创作者的期盼，不用反驳，这的确是事实。有些作家是鄙夷小市民思想的，即使心里有这样的想法，也不会说出来的。鲁迅的创作初衷是弃医从文，用自己的笔杆子敲醒麻木的国人，丁玲是为了唤醒处在水深火热中的劳苦女性的独立意识，郁达夫是在日本沉沦反思。放眼望之，只有张爱玲的初衷"前无古人，后无来者"。

在沦陷时期，冒着可能会中日本人圈套的危险，她还是义无反顾地大量创作，出名要趁早，时间不会等她。

张爱玲对文字始终保有纯粹的热爱，当然，赴美后期剧本的"批量生产"则另当别论。她深知时间不会等她，所以早期的她自然是抱着"出名要趁早"的心理在有限的年华里尽量创作出经典的作品，而事实上她也的确做到了，在文字的铺陈排列上，很少有人可以像张爱玲那样把"天才"两个字诠释得淋漓尽致。

自在香港求学归来后，她重新感受到上海这片故土的芬芳。其他作家眼中的上海是纸醉金迷的，她眼中的上海却是亲切敦厚的，可能只有这片土地才可以让她更加纵情地开放，不问前尘，不计后果。

普通人的一生，再好也是桃花扇，撞破了头，血溅到扇子上，就在这上面略加点染成一枝桃花。

——《红玫瑰与白玫瑰》

战火中的港城，子弹在我头上飞

先把时光拉回到在港大的日子。

因为不可预知的战争，她在颠沛流离中一直扮演着一个被动的角色，这段时间没有太多的机会能够接触到社会上的方方面面，更多的人情世故的经验还是在家中学到的。

在来港大之前，她是可以去英国求学的，却因为欧洲战争而被迫放弃，这一次本可以"两耳不闻窗外事，一心只读圣贤书"，却还是因为日本人进攻香港而不得不放弃了。

香港的战争显得很奇怪，本应该作为主导者的中国人不得不沦为这场战争的旁观者。因为早在鸦片战争后，香港就沦为英国的殖民地，日本的这次侵略，也不过是英国人和日本人之间的战争而已。

这些"旁观者"倒也当得心安理得，反过来讲又能怎么样呢？不过是继续麻木着，还可以把这种麻木演绎得很无奈，演绎得很无辜。张爱玲此时依旧是"看戏人"，当然不愿意被卷入其中，但又不得不参与入内，事到如今也只能用冷漠的面孔把自己伪装起来，跟着人群中的多数人。

无论是英日港战还是中日港战，此时的崇高观念和民族观念对处在水深火热战争中的麻木群众来说，并不是处在生存的第一位。但到底是一场战争，生灵涂炭是必不可少的，她在人群中当然是本能地和大家一起求生，日本人空袭的时候，和大家一起跑到宿舍下面那个最黑的箱子里，外面是枪林弹雨，里面是无法呼吸的压抑。

战火中的港城，子弹在她头上飞。同学们在战火中惶惶不可终日，张爱玲却还是一个难得的"清闲人"。她还是像读书岁月的时候一般，即使房梁上不时落下子弹的碎片，她还是可以读《官场现形记》读得如痴如醉，在战火中恶补，不知不觉患上了高度近视。

一个炸弹响起，命都没了，只要让我在有限的生命里看完自己喜欢的书，眼睛又算什么。

18天的战火总算平息，英国人选择了妥协，对当时的中国来说，香港沦陷了。

在战争中捡回一条命的人们倒是顾不上忧国忧民，谁赢了还不是一样，只要自己还可以呼吸这座城市的空气。

无论胜负，无论在战火中还是在"和平期"，张爱玲依旧是那个"看戏人"，冷眼旁观的态度，她还是要坚持下去。

这场战争究竟带给了民众什么呢？

吃！当时在张爱玲眼里，吃是令她比较深刻的。

和同学们一起去买唇膏和冰淇淋，她也想吃冰淇淋。活下来的人带着莫名的喜悦搜罗着大街小巷上的吃食，她意识到，原来买东西也是一种消遣的方式，不知是哪里来的喜悦，总之是喜悦的。

沦陷前，港城中有各类阶层，沦陷后，似乎都变成了小吃摊的摊主。油煎的香喷喷的萝卜饼，以前从未觉得好吃，尤其是在一片片离自己不远的尸体旁吃，更是一种"绝味"了。

她不是别人，她是张爱玲。

那种活下来的喜悦，在她看来变得那么恶俗龌龊，一场残酷的战争只是让萝卜饼的生意更好些，人性的弱点和麻木在这里暴露无遗。当然她也知道生命的第一性，所以来不及保留以往的"观察者"的身份，倒也开始同情起众人来。因为战争，使得大大小小的考试搁浅，这件事倒是让港大的学生们欣欣雀跃了一段时间。

比起冷漠，一些"口号""标语"的行为似乎更加让她反感。一切的空吼都显得那么苍白无力，这些人只不过是比冷漠多了一份空虚。

许多人开始变得饥不择食，不想嫁人的也匆匆把自己嫁了，不想结婚的也匆匆把结婚的消息登报了。

她离社会越来越远，她把人性看得越来越透。原来人性本就是自私无比的，再多的愧疚又有什么意义？

毕竟，"人之初，性本恶"，平凡人又能怎么办？

我要你知道，在这个世界上总有一个人是等着你的，不管在什么时候，不管在什么地方，反正你知道，总有这么个人。

——《半生缘》

焚一炷沉香，顺其自然地入梦

评论者曾称，张爱玲的作品自她离开上海那刻起，就貌似"萎谢"了。甚至我个人对她1950年以后创作的作品都抱有一丝误会。所以中学以后，虽然淘来刊印不多的《同学少年都不贱》，但它一直躺在我的书橱中，直到想再读张爱玲、致敬张爱玲的时候，才开始重新审视它。依然是张派的华丽苍凉，似乎是把人性解剖得更加深刻，甚至比以往的作品更具魅力。

其实《同学少年都不贱》早在20世纪50年代之前就已经完稿，只是机缘巧合在20世纪50年代以后才得以出版——对张爱玲作品创作时间的"误会"，略显幼稚。评定一位旷世才女，这样做的确是cheap（廉价）了。

这场旧梦，就从她1942年回到上海开始吧，也可以焚一炉香，随着时间的记忆，找回这段惊艳的过往。

张爱玲是喜欢上海的，她曾以葛薇龙的角度表达过对上海的感受。当时的上海称为"魔都"都不为过——纸醉金迷，灯红酒绿。但在张爱玲的眼中，上海可以带给她久违的亲切，是温顺的，朴实的，甚至是敦厚的。

曾经为了苦学英文，她三年没有用中文写作，随着《中国人的生活与时装》的刊登，张爱玲称得上是文坛新秀了，但她心里是清楚的，上海这片土地才是她创作的源泉，所以对上海人，她也是不惜在文章中大加赞赏，大力"讨好"的。

她是很早就开始阅读鸳鸯蝴蝶派的作品的，她是喜欢张恨水的。此时在上海文坛鸳鸯蝴蝶派的代表作家是周瘦鹃，因为在《小说月报》发表的一篇《爱之花》而声名大噪。周瘦鹃曾参与主编杂志《礼拜六》，又曾是《自由谈》的一员，周瘦鹃与鸳鸯蝴蝶派一样，从民国初期就受到主流文学的抨击，但是其一直坚持通俗文学的创作，并且没有放弃过副刊这个主阵地。

面对这样一位文坛老前辈，此时张爱玲不得不把自己出身华贵、名门之后的"招牌"亮出来去结交拜访周瘦鹃了。她是喜欢同比自己年长的人一起谈天的，这样会让自己显得轻松一些，不那么拘谨，所以这一次的会面，两人也算是相谈甚欢。

缘分始于欣赏，张爱玲初入上海文坛的第一位伯乐出现了。去周瘦鹃家中拜访，自然是要带上自己的稿件，周瘦鹃对她带来的稿件赞赏有加。读了几句，似乎找到了一位难得的冲决而起的女作家。

周瘦鹃无疑是学识极度丰富的学者，在欣赏的同时，小说的各方面都可以找到欣赏的"证据"。对一位文字工作者来说，欣赏和伯乐是至关重要的。具备欣赏的情怀恰恰也体现了伯乐本人的素质修养，那是一种敢于提携后辈的勇气，一种宽大善纳的气度。

其实这种宽大善纳的气度真的不是什么人都可以具备的，即使是处于居高临下的地位的人。气度是可以影响一个伯乐的素质的，伯乐的素质当然也会渗透到他所在地方的各个角落。我感激周瘦鹃，他发现了张爱玲。

一个与文字有关的人渴求一位伯乐的出现，但是可怜的是找到了一位假伯乐，那便是对自己的伤害了。文人是相轻的，这一点在女文人身上显得尤为明显，寻找伯乐的人那么多，无奈伯乐只有一个，所以这种人性最丑恶的一面便开始演绎开来。

我现在仍然是感到阵阵寒意，我好怕当初在张爱玲与周瘦鹃交谈后会出现一个何爱玲，或者是一个于爱玲，因为出于各自不同的"上位"目的，会对一个天才肆意抹黑，即使不能得偿所愿，只要在伯乐心里造成低端的印象便也是扬扬自得的。如果真的出现了，那也就说明周瘦鹃是一位"夜郎"，张爱玲自然也是失败的——识人失败，既然如此清楚张爱玲的行踪，何爱玲和于爱玲一定是认识张爱玲的。我庆幸这种事情没有发生，否则即使张爱玲还是张爱玲，她恐怕也没有自信喊出来"出名要趁早"那句响当当的得意之语。

《沉香屑：第一炉香》与《沉香屑：第二炉香》开始在周瘦鹃主编的《紫罗兰》杂志上刊登，周瘦鹃更是亲自撰文向读者朋友推荐这位文坛新秀，自己最华丽的梦，目前开始了第一步的付诸实施，张爱玲也是得意了一段时间。不过张小姐是不会仅仅满足于此的，她即将把目光投向更多的杂志，与此同时，因为那段时间小小名气的波澜，也使得她的伯乐如雨后春笋一般渐渐涌来。

出名要趁早呀，来得太晚，快乐也不那么痛快。个人即使等得及，时代是仓促的，已经在破坏中，还有更大的破坏要来。

——《天才梦》

这场不愿醒来的梦有着沉香的味道

沉香的味道是来自那个年代的味道，是传统的味道，周瘦鹃也是这样认为的。也许周瘦鹃还在这两篇小说的题目上观察到了张爱玲的一种反思。

虽然伯乐赏识的恩情值得珍惜，但此时的张爱玲应该清楚自己真正想要的是什么。自《沉香屑》发表在《紫罗兰》以后，她的作品便再也没有出现在这本杂志上。

因为是女子，那些专注于风花情调的杂志似乎更符合张爱玲的口味，《万象》走进了她的视野。缘分历来是相互吸引的，她在关注《万象》的同时，却未曾料想《万象》的主编柯灵也在《紫罗兰》上发现了她。

既然是双方都有心，这篇《心经》便顺其自然地刊登在了《万象》1943年8月号上。此后一年多来，《琉璃瓦》《连环套》等作品，均被刊登在《万象》的每一期上面。这其中，大加赞赏者有之，强烈抨击者亦有之，也不知是否是因为迅雨的一篇评论文，张爱玲与《万象》的缘分也接近了尾声。

有人说她是杂志捧红的，这当然不能否认，在众多欣赏她的杂志中，力推她最多的杂志当属《杂志》。《杂志》的定位有别于《紫罗兰》《万象》，它的刊印方向分工更加细化，当时更是出现了迎合大众消费需求的商业性刊物。

《杂志》能够带给张爱玲更多风光的原因，也与它的背景有着十分密切的关系。试想，当时的上海处于沦陷时期，没有一个不可撼动的后台来撑腰，想在上海打出一片天地来，几乎是不可能的事情。

公开发表自己的作品合集，是每一个作家梦寐以求的事情，这会为自己的作品找到更加可靠的归属，可以说是一种安全感。《杂志》出版社为张爱玲出版了作品合集《传奇》，虽然以往发表过数百篇文章在各大杂志上，但自己的作品被结集出版倒是第一次，这无疑会使这种"作家"身份更加脚踏实地一些。

事实上，根据当时的社会环境，"作家"这个身份倒也算不得身份，它是可以被人捧得如天上的繁星，同样也可以被人贬低到如鞋底下不愿理会的陈泥，总之它是个处境尴尬的身份。

前不久有一位类似"于爱玲"般的人物，熬夜点灯中苦口婆心地给我上了一堂课。她说："作家这个身份不是什么机构赋予的，也不是媒体吹捧的，而是读者赋予的。"本是警钟之语，却让我联想到现如今的读者是多么宽容、多么"肤浅"，这些人恐怕是"于爱玲"眼中的井底之蛙了。

每每身边的知交好友发表了自己的作品，哪怕只有一篇，哪怕是很普通的杂志，还是会有读者称他们为作家的，也就是说，我们这些人早就成了作家？这当然显得牵强附会。

不过现实中的文字工作者却往往是被这些"于爱玲"捧红的，她会耗费几个月的时间去寻找击垮你的"证据"，然后拿到"胜利的果实"后便开始仔细珍藏，时不时地拿出来玩味一番，来填补自己可怜的自尊。

可以直言不讳地说，张爱玲无疑是一位天才作家，对她成名的种种原因，似乎不可以用常规的眼光去判定。短短几年的时间，这个只有二十几岁的女子的名字就开始频繁出现在上海各个角落的各大杂志上，张爱玲成名了。

近年来，一些"反张迷"不乏这样的言论，"被杂志捧红"这句话在他们的眼中被蒙上了一层自我欺骗的色彩。我想说的是，无论她是否是被杂志捧红的，她依然是张爱玲，她永远是张小姐。

"张爱玲们"的身上总有常人难以企及的高度，无论她们被"黑油漆"泼得怎样惨不忍睹。

一举成名像一枚硬币，总是有着正反两面。这场成名对张小姐来说意味着什么呢？

一个知己就好像一面镜子，反映出我们天性中最优美的部分。

——《倾城之恋》

并非生来无情，冰雪也曾消融

Fatima（炎樱的外文名）据说是一位锡兰女子，她曾在《流言》中多次出现。后来，张爱玲为她取名为"炎樱"。炎樱既是张爱玲的圈内人，又是她的圈外人，也许只有这种忽远忽近的关系，才能让欣赏情怀肆无忌惮地表达出来。

张爱玲性情冷僻，身带狂喜之中的淡然，但并非生来冷漠，此时距离自绝于世还有很远的时间。她当然不会去主动交友，但毕竟还是春风得意的少女作家，人不来，她不会强求，人来，她应该是可以勉强接受的。

在港大读书的岁月，她依旧以一位"观察者"的身份立足于同学之间，即使是港战时期，仍然可以冷眼于世。想来曾用明察的慧眼在心里给身边的人画了无数幅"众生相"，但炎樱却不在这幅画像里，她走进了张爱玲的内心，至少，她是不排斥炎樱的。

炮火连天的日子，当"吃"成为同学们心中最神圣的东西的时候，炎樱显得那么特立独行，张爱玲的心里应该是自行安装了一面镜子，炎樱好似就是自己，却又不是自己。

同学中只有炎樱的胆子最大，她可以头顶着炮火，不顾一切去城上看电影，看的还是五彩卡通，回到宿舍后她可以独自一人去洗澡，流弹打碎浴室的玻璃，她好似没听见一般，还在放声歌唱。歌声没有惊动乱兵，倒是惊醒了舍监，舍监脸上发烫得厉害，好像被嘲讽一般，委实让其无法忍受，大大地发怒，可歌声依然回荡在宿舍楼里。

张爱玲是张爱玲，但也是少女，她是冷漠的，却还是有着天真的一面。对电影的喜爱，几乎贯穿始终，无论何时何地，在港大读书的时候也是一样的，和炎樱为伴一起看电影、逛街，一起买小零食。炎樱的家也在上海，所以回家返校两个人都是一起的，偶尔的落单，也会让张爱玲心里空空的，竟也忍不住倒在床上大哭起来。

张爱玲喜欢绘画，炎樱也是一样的，两个人可以为对方充当模特去画肖像图，对奇装异服也是有着同样的执着。炎樱不是作家，也不是画家，却往往语出惊人，为《传奇》设计的封面颇具"传奇"的味道，那幅清末的时装仕女图，骨牌与幼子，不安与思索，有一种诡异的凄凉，竟然与"古墓一般的清凉"暗合起来。

因为是锡兰女子，炎樱的中国话说不了几句，汉字也不能信手拈来，但骨子里是热爱中国文化的——一种强烈的好奇。张爱玲文中一些陌生化的处理方式，不能不说与炎樱有着密切的关系，炎樱是可以经常启发她的。

久而久之，炎樱竟也对文字产生了兴趣，张爱玲也曾欣然代劳，将知交的文字翻译成中文在《天地》等杂志上发表。张爱玲成名后，两人上街游玩显得"招摇过市"起来，路上的行人免不了要在旁边议论着她们的名字，也有遇见狂热的书迷去要亲笔签名的场景，可以想象那是一段多么让人欣喜若狂的时光。

时过境迁，现在早已过了以一篇文章就可以闻名于世的岁月，那种欣喜若狂的神情更多的则是体现在文艺工作者身上，路上的围堵，机场的跟拍，在那个时代是属于"张爱玲们"的，说到此处，我略感心酸。

炎樱的存在，也让张爱玲度过了一段本该"少女"的时光，她也曾无忧无虑过，也可以轻松俏皮，一边喝着咖啡，一边与炎樱谈论电影中的情节。这种画面显得如此正常，因为她本就是少女啊。

且不论出身与国籍，在性格特点方面，炎樱可以说是与张爱玲完全相反。静与动、内与外等太多的不同也可以让两人成为最有趣的滑稽搭档。张爱玲是畏惧小孩子的，但是对炎樱的孩子气倒是喜欢，从古谈到今，从幻想谈到现实，从男人谈到女人，一切的一切都那么合理。一起去为新书的出版挑选照片，在买东西的时候和店主讨价还价，胡兰成竟也觉得自己是多余的。

说起胡兰成的出现，与张爱玲同负盛名的上海女作家苏青也在此时，悄悄地向她走来。

比起张爱玲的一举成名，苏青可以说是她的"前辈"，苏青作为上海文坛的"资深女人"，时时能在万花丛中开出娇艳的一点红来，她是为《古今》杂志撰稿的唯一女性作家，在上海文坛算得上与众位男性作家平分秋色。

文人素来相轻，女文人更是如此。张爱玲自然是辞色锋利、冷艳古怪，她是有些不容人的，对苏青倒是例外。同样地，苏青面对人与事也是直言不讳，处处显示出锋芒，一般的女人自然是入不了她的眼，竟然对张爱玲另眼相待，多了一份难得的欣赏之情。

苏青曾经应邀参加《传奇》座谈会，面对这位奇才后辈，早就忽略了文人相轻的情结，对张爱玲的"仙才"毫无保留地大力褒奖，甚至在自己主编的《天地》杂志中也是常常见到她撰写的推荐语。

坊间传言《天地》杂志的创办，是离不开陈公博与周佛海的暗中协助的，也有传言称：苏青乃是陈公博的秘密情人，在陈公博兼任伪上海市长的时候，她成为陈公博的贴身女秘书，后又在政府中任职要员。

这段流传甚广的风流韵事，它的真实性无法定论，现如今的人也没有过多去深究，但有一点是肯定无疑的，陈公博以及周佛海甚至是当年上海政界的风云人物对苏青的欣赏却是真实可信的。

"苏青"这个笔名是在上海沦陷以后开始出现在上海文坛上的，也许是因为一波三折的不幸婚姻，苏青对男女之间的纠葛、家庭伦理的纷争等拿捏得十分到位，《结婚十年》便是出自自己的亲身经历，该作品在当时的文坛甚至社会上都影响甚广，在抗战胜利后，苏青更是因为此书被杂志报纸扣上了"性贩子"的帽子，但丝毫没有影响《结婚十年》的文坛地位和名气，随后它更是被多次刊印。

苏青与张爱玲一见如故、惺惺相惜。也是因为《天地》杂志，让她们的关系越发亲密。《天地》杂志自创办到停刊，一共出过21期，其中的17期，张爱玲都为其撰稿。上海女作家潘柳黛更是说苏青发掘了张爱玲，并将其发展为自己的左右手。其实在认识苏青之前，张爱玲就已经声名鹊起，自然不用苏青来发掘，姑且把"左右手"理解为两位才女之间的一种缘分，两位都愿意为对方放下身段服务对方。

相互欣赏的情感状态应该是最美妙的状态，她们不是常人所想的无话不谈，甚至算不得闺中密友，她们的缘分始于欣赏，只是喜欢，仅此而已。

张爱玲是不喜欢交际的，甚至是畏惧与人打交道的，她是一个没有安全感的人，她喜欢去冷眼看人，分析人总是那么透彻准确，她也是怕被其他人审视、怕被看穿的。在这方面，苏青热衷于社交，也没有那么多观察旁人的时间和精力，所以她没有读懂张爱玲。

一个人的神秘感如果被所有人都看清楚，那么也就失去了存在的价值，这是一种安全感，张爱玲需要，世人也需要。

并非生来无情，冰雪也曾消融。

"不如你叫苏西好了。"

"不，苏西更适合你，我还是叫凯若兰好。"

"听我的吧，苏西真的很像你。"

脸色变了起来，这是男朋友在替女朋友取名字吗？

也许每一个女孩子天生都是双性恋……

冰雪慢慢地消融，融化的雪落在了陈旧的锁上，到现在还是要把自己封锁起来吗？日后，恐怕是真的要"封锁"起来。

第三章

芝兰玉树细雨来——画一卷倾城之恋

于千万人之中遇见你所要遇见的人，于千万年之中，时间的无涯的荒野里，没有早一步，也没有晚一步，刚巧赶上了，没有别的话可说，唯有轻轻地问一声："哦，你也在这里？"

——《爱》

永结无情游，醉后各相散

　　那时候她正是 20 岁的碧玉年华，走在街上，路过弄堂，毕竟是乱世，虽说上海此时"遗世而独立"，人们的关注点不会总放在张爱玲的身上，即使名声不是遍布上海的各个角落，她脚下也总是带着一种凌风的、与生俱来的气度，纵然阅尽千帆，也是不愿多看一眼的。

　　她忍心把一段段看似美好的爱情写得千疮百孔，笔下总是透露出肮脏的交易和战争一般的爱情，到底是 20 岁，自己还是期待一份真挚的感情。

　　恐怕这扇封锁的心门在没被彻底敲开之前，她就已经爱上了爱情，因缘际会间，胡兰成也恰巧出现了。

　　才女总是过于迷恋自己的倒影，甚至爱上自己的影子，到达一种不能自拔的程度。她对自己是极度溺爱的，当然不会投河自尽，却陷在一片兰花草中了。

　　活在古墓里的人是无比冷僻的，寂寞久了的人遇见幸福都会恐慌，她是那个死气沉沉的时代为数不多的敢穿奇装异服的人，甚至是从"死人堆"中爬出的女子。无人懂得的岁月想必她也是恨过自己的，恨自己天生自带的才华，恨自己明达洞悉的眼光，把一切都看得那么透彻，反倒是无人能够读懂自己，孤独的错误也要自己来承受。

　　与其说她要的是"岁月静好，现世安稳"，不如说她想要的

是一个真正懂她的人，一个一直住在她心里的人。这种"懂得"真的太可遇不可求了，一个人的时光并不是彻底的孤独，一个人寻找另一个人的窘迫才是真正的孤独，为了找到这位能和自己攀谈的人，她不断打磨自己，时间也不断冲刷她自己。他是真的配不上"丈夫"二字，却是唯一懂她的人。

与张爱玲其他的挚友一样，她与胡兰成的孽缘依旧始于欣赏，缘起于《天地》杂志的一篇名为《封锁》的作品，说来实在巧合，她是"封锁"的，无论胡兰成抱着怎样的心态去开启缘分，他还是做了打开锁的"钥匙"。

才女永远不会讨厌一个欣赏自己的人，不会排斥一个崇拜自己的人。胡兰成自负有才，风流潇洒自是阅尽万千女性，本想充当"情感导师"的他在家中的客厅与张爱玲见面，却不想经过一次的交谈，就忘了自己"导师"的身份，变成了仰望张爱玲的"张迷"。

这世上的东西，只要与张爱玲有关，便皆成为"好"。他在自传散文集《今生今世》中给予了张爱玲崇高的女神地位，她是无可挑剔的，即使是有一点瑕疵，这些瑕疵也都成了张爱玲传奇人生的调味品，无论如何，张爱玲穿透时间的魅力依然在纸面上被显示得淋漓尽致。

但胡蕊生（胡兰成的本名）还是胡蕊生，他是时时刻刻都愿意被捧在花蕊中心的男人，在他的眼中，独一无二的又怎会只有大名鼎鼎的张爱玲呢？小周护士，范秀美，原配玉凤，甚至是上海滩的风云人物佘爱珍都可以让他神魂颠倒，都可以让他那么"惊艳"。在胡兰成眼中，《今生今世》的"群芳图"中的女子，每一个都不是等闲之辈，这些媚气浩荡的秀丽文字是完全可以配得上她们的——他的拈花惹草、他的负心竟然显得顺理成章？

我依然是惋惜，惋惜这样的男子为什么偏偏让张爱玲遇上呢？只是这一次，仅仅这一次，两年的婚姻，就让她一生都没有释怀。

我不能否认胡兰成确是富有才气的，读《山河岁月》与《今生今世》，那种从未见过的文风让我惊艳。媚气不带俗气，竟有一丝壮阔、一丝浩荡，可以读成"群芳图"，也带有哲思之意，我甚至大胆地认为，他的文笔是与周作人不分伯仲的。

从来不会去如何贬低胡兰成的，过分的贬低也是对张爱玲的不敬，毕竟是她爱过的男人。当然爱过就过了，她对自己够狠，不屑于纠缠，简单的书信只是感情上的单纯表达，给他寄的稿费也从不后悔，她愿意为自己的尊贵买单——作为旷世才女的尊严。

胡兰成的只谈情不说爱对张爱玲也是如此，他爱过她吗？如果爱是一种责任的话，想来是没有爱过的。但对她是喜欢的，是真心喜欢、真心欣赏的，甚至是仰望与崇拜的。

张爱玲在书中写胡兰成总是事无巨细的——去她家做客的每个细节，他抽过的烟头，他看过的书。张爱玲在晚年不厌其烦地回忆与之有关的点点滴滴，胡兰成逃亡的时候正是张爱玲最负盛名的时期，走路都带有一种仙风的她也会屈尊去温州千里寻夫，遇见他，真的是把自己卑微到尘埃里了，萎谢在尘埃里了。

胡兰成是凉薄无情的，他在情场的无往不胜很大程度上得益于对女子的懂得，他好像是读懂了所有的女子，这些女子在他面前都沦为透明人，她们的心思胡兰成一览无遗，所以往往能够切中要害，《今生今世》的字里行间散发出扬扬得意的神情。惊艳的作家如何，吴四宝的夫人又如何？——被自己征服，更是死心塌地，也会自将萎谢。

胡兰成精致的花言巧语，敢于花女人钱的勇气，对自己过往的情史坦白得细致入微，一切的一切可能在当时的张爱玲眼中都是熠熠生辉的。

我是看过胡兰成的小像的，第一印象与文人雅士风马牛不相及，如果说他是一位武士，倒有些贴切。胡兰成有着尚武情结，得到了一位高僧的真传，还习得了一身太极功夫，张爱玲也曾说过胡兰成去看望她的时候与电梯工人发生争执，胡兰成是毫不示弱的。

若是一定要问胡兰成是否爱过，他也是爱过的，但也仅仅是爱过，他的爱情重点不在"爱"字上，而是在一个"过"字上。对所有为他付出真心的女人来说，胡兰成只是一道风景，一道仅仅可以路过的风景。

我还是不能去贬低他，为了尊重张小姐。"因为爱过，所以慈悲；因为懂得，所以宽容。"这世间的男女，无论是你懂我，亦或是我懂你，懂得了，如此便好。谁也不是谁的救世主，我们怎能做主呢？

一个天才的女子结了婚是这世间最大的悲剧，没有之一。

见了他，她变得很低很低，低到尘埃里。但她心里是欢喜的，从尘埃里开出花来。

——张爱玲写在自己送给胡兰成的照片背后的话

孤芳自赏最是心痛

"愿使岁月静好，现世安稳"，这是签订终身的时候，胡兰成给她的承诺，真相却是他给不了岁月静好，1944 年的上海也并不安稳，婚书是给妻子的允诺，倒不如说这份承诺是留给胡兰成自己的。

张佩纶与李菊耦的佳话，胡兰成也是心驰神往的，事实上，他与张佩纶的人生经历确有相似之处。他出身乡野寒门，不安于只做一名中学教书匠，常常以乱世英才自居。1936 年，胡兰成因两广事件的"文字狱"引人注目，在桂林被军法审判，在狱中经历了 33 天的监禁生活后，因为白崇禧的插手，他被释放出狱。

每一位心怀仕途的文人都希望自己成为下一个张佩纶，即使胡兰成十分清楚自己的支持者是汪伪政权。随着胡兰成篇篇政论的刊登，他立即受到了各方当权者的青睐，汪精卫更是致力于将其培养为自己的"御用文人"，一时间，胡兰成的名字已经颇有名气，可以说是实现了自己的梦想。

一个寒门士子，仅仅用了两年多的时间，就从一名教书匠摇身一变成为当局的政府要员，可以自由出入当时俨然皇宫一般的汪公馆，"君王"汪精卫也尊称他为兰成先生，他身负雄才大略，一副"指点江山"的气派，可谓是意气飞扬、春风得意。

旧式文人的门第思想贯穿始终，自负才子的胡兰成也不能免俗，一个寒门士子能够得到张佩纶的孙女的垂青简直是可以光耀门庭了，何况这位张佩纶的后人还是名噪一时的才女张爱玲。多年以后，胡兰成谈起这段往事时的自得神情，看起来还是光彩夺目。

胡兰成与张爱玲的初次会面竟有足足五小时，也许是第一次就被对方吸引，谁也不愿意去打破时光的宁静，可以去听钟表嗒嗒的响声，却不愿站起身来转移话题。

"你的身材这样高，这怎么可以？"这是一种暗示吗？张爱玲听来也是十分诧异，甚至带有惶恐，以前从未有人这样与她讲话，他是第一个。

胡兰成在被捕入狱之前，就已经在《天地》上阅读过张爱玲的作品，对她印象颇深，见面之前也是思来想去，脑海中构想出千千万万个样子来。想到有一万种可能，就是没想到是这种可能，原来竟是这样的张爱玲，看起来像是不满20岁的中学生。

她的文笔苍凉老道，这样的文字出自一个"身体与衣服彼此叛逆"的女学生笔下，胡兰成感到愕然。他年长对方十几岁，是情场中的资深人士，面对各色女子均是自信洒脱的，这一次，他开始自卑起来，客厅的气氛都显得不那么正常了。张爱玲总是给人以冷漠孤傲的气质，胡兰成却说她是谦逊的，这样评价她，他也是第一人。

才女需要的从来不是什么朋友，更多的是渴求追随者，她需要被人欣赏赞叹，尤其是张爱玲这种"水仙子"类型的人物。"水仙子"近乎偏执地以自我为中心，近乎疯狂的自恋，溺爱自己到欲仙欲死的地步。兰生幽谷，她喜欢孤芳自赏，孤芳自赏久了便成了心痛，所以渴求他人的欣赏，希望对方欣赏她的所有。

胡兰成当然可以充当最好的听众，只要是关于她的，便皆成为"好"。与一名崇拜者交谈，也仿佛置身于荷花池边，水面上倒映着自己婀娜多姿的身影，她沉醉其中，心里一遍一遍地质问自己"我怎么可以这样超凡脱俗"。

眼前的这个男子亦不是普通的听众，他也是世间少有的风华才子，得到自己欣赏的"崇拜者"的赞叹，这朵水仙花开得更加光艳照人了，上乘的文学作品此时也接二连三地横空出世，不得不说这些成就也有些胡兰成的功劳。更要感激这段热恋的日子，张爱玲给了《倾城之恋》一个还算大团圆的结局，至少白流苏在这场爱情争夺战中胜利了。

这种丢失已久的自信又回到了她的身上，那真是一段"一日看尽长安花"的时光，谈论只有文学的世界，谈论得越多，胡兰成便越自卑不已，张爱玲则更加"临水照人"。

其实她知道他是有家室的男人，不过沉浸在被欣赏的海洋里，伦理道德也是顾不了许多了。他陪她逛街，陪她谈论文学，只要一有时间他总是会来的。"水仙花"离不开水的涵养，离了他，她是无法接受的了。

过了许多年孤芳自赏的日子，现在终于站在神坛上，久违的放松让她下意识地顺从，不管了，索性不管了。

"水仙子"开在心上，此刻就是天上人间。

因为爱过，所以慈悲；因为懂得，所以宽容。

——张爱玲写给胡兰成的情书中的话

一纸婚书的结果便是互相伤害

张爱玲是有结婚情结的，她并不是不婚主义者，她认为女人应该要结婚。一纸婚书的结果是她在以后的岁月中多了"丈夫"这个符号，对她而言又不仅仅是一个符号，更是一个家，一种安全感，是她自小追求的安全感。

两个人签订终身后的生活并未发生很大的改变，有了妻子的胡兰成依然是个自由身，在武汉、南京、上海之间不断流转。他知道张爱玲是离不开上海的，所以也未想过让她同他一路，胡兰成回到上海不会待得很久，但是到了上海是一定要去妻子的房间的，和她一起谈论文学、谈论生活，还是会像恋爱时期一样陪她逛街散步。

想必张爱玲的心理是一定发生了变化的，现在的生活虽是与恋爱时期的一样，但"丈夫"就是"丈夫"，自己的身份也发生了改变，真的是有家的人了。当然经济上还是独立的，张爱玲的作品很是畅销，在生活开支上也无须依赖胡兰成。但也不会放弃给丈夫一个表现的机会，胡兰成给的钱她还是会去用，她是享受这种被疼爱的感觉的。

张爱玲历来厌恶官场，所以无论是在作品中还是在生活中，她都不会去涉足这些领域，一步也不会踏进去。胡兰成却不一样，他自负英才、踌躇满志，往往这种"有志气的男子"的心思是不会放在爱情上多少的。

　　"岁月静好"与"现世安稳"终究是纸面上的字，经不起风吹雨打，就像一盘狂风卷起之前的散沙，风一吹，立刻就散了。张爱玲当然希望是真的，就算是一场骗局，也希望胡兰成骗自己骗得久一些，后来发生的事情证明这些痴望还真的只是痴望。

　　胡兰成对时局有着非同于常人的敏感度，他清楚他的命运，日本人的投降，使得汪伪政权犹如树倒猢狲散一般顷刻瓦解。1945 年 11 月，胡兰成辗转来到武汉，在一家报社工作，与同僚们一起住在汉阳医院，十几个本就生性堕落风流的男人面对豆蔻年华的护士竟也动起心思来。茶余饭后便是对这些小护士评头论足，其中一名叫周训德的见习护士引起了胡兰成的注意。很快地他就与年方 17 岁的小周护士坠入情网，早已忘记了此刻在上海为他担惊受怕的张爱玲。

　　此时时局动荡不安，胡兰成也自知大难将至，在这即将风云变幻的时期，他还是忘不了描绘自己的"群芳图"。在《今生今世》中对张爱玲的赞叹之语也用来赞美周训德，原来他是遇见每一个女人都会如此的，都会用天使一般的情怀去毫无保留地赞美。

　　他喜欢张爱玲的旷世惊艳，也不愿意放弃周训德的天真无邪，红玫瑰与白玫瑰他都要去争取，爱情与面包都是他的囊中之物。日日红袖添香的温柔时光也并不长久，次年 3 月，胡兰成回到了上海。

　　为了填补他的"后宫"，他希望张爱玲具备"皇后的气派"。他曾说起张爱玲希望全天下的女人都喜欢自己，她是从来不懂去吃醋的。我想不通他如何会得出这样的结论，总之他错了。

　　张爱玲当然希望全天下的女人都喜欢自己的丈夫，因为那足以证明胡兰成的优秀和魅力，但也只能止步于"喜欢"二字，她希望其他的女人去嫉妒她的爱情，心向这个只属于她自己的男人。其他的事情是万万不可以去逾越雷池半步的，他们只能去欣赏、去嫉妒，若是真要抢夺起来，张爱玲是宁可不当这个"皇后"的。

与其他男人不同的是，胡兰成毫不掩饰自己过往的情史，他会在张爱玲面前坦白一切，语气之中也许还透着沾沾自喜。他是在炫耀吗？恐怕更多的是自卑，他畏惧他简单苍白的经历镇压不住张小姐身上的光芒，只好用这些花花绿绿的情史来给自己的行为找一个冠冕堂皇的借口。

张爱玲听了小周护士的事情耸然动容，面带冷漠惆怅，但也不愿意多说一句，只是淡淡地说起了自己被外国人追求的事情。这种毫不在意的高姿态让胡兰成的心沉了一下，但也很快自我安慰起来，其实他早就应该知道张爱玲不可能会去践踏自己高傲的尊严，即使小周出现在她的面前，她还是镇定自若，就算是假装出来的。

这场婚姻的结果便是互相伤害。查阅汪伪政权的资料发现，胡兰成算不得数一数二的大汉奸，但是因为张爱玲的关系，一提起汉奸，胡兰成是一定会在其中最醒目的位置的。

他因为得到她而脸上有光，沾沾自喜；也同样因为她的关系使得自己的汉奸名声响彻中华大地，成了人人得而诛之的"著名汉奸"——成也张爱玲，败也张爱玲。但比起后者，前者才是他真心引以为傲的事情。

张爱玲因为胡兰成的出现，让自己收获了短暂的安全感，她疯狂过了，爱过了，暂时忘记了古墓一般的寒冷；同样因为胡兰成的汉奸身份，自己也成了当时报纸所斥责的"文化汉奸"，这个黑锅背得好冤枉。

　　硕大无比的自身和腐朽而灿烂的世界，你坠着我，我坠着你，就这样互相捆绑、互相伤害，往下沉，往下沉。

你问我爱你值不值得，其实你应该知道，爱就是不问值得不值得。

——《半生缘》

爱有多深，恨就有多长

洛杉矶的夕阳今天显得这样沉，简易的房子里现在只剩下自己，经过半个世纪的孤寂，头也和夕阳一起沉下去。恍然是在梦里，也可能是回忆出现了错乱，推开窗子看见了邵之雍，她忍不住也走出来，"拉起孩子们的小手，和之雍一起笑着、跑着"。

原本是让人惊艳的倾城之恋，在 20 世纪 40 年代的上海缱绻吹烟，现在这段爱恨交织的孽缘也跟着她的生命走到了尽头。她好像一直未能忘记胡兰成，可以说是眷恋那时的碧玉年华，眷恋在神坛上目空一切的张小姐。胡兰成不是那个对的人，只是那时候时间对了，地点好似也对了，社会环境也对了，人也不得不对了。

她是深爱过的，可以屈尊到卑微的土里的，即使变得很低很低，也是喜不自胜。去温州千里寻夫，本来是为了寻找传说中的小周护士，见识一下她是怎样的天真烂漫。如她所料，她的"期待"放在胡兰成身上就成了枉然，未曾见到周训德，倒是见到了胡兰成又一个短暂的避风港，她叫范秀美，在她眼里，范秀美没什么可取之处，此时却成了"丈夫"的救世主。

处在两难境地的胡兰成，雪中送炭总要比锦上添花来得实际，对张爱玲的到来，他本能地感到焦虑，还有一些反感在其中。尊贵的张小姐是不会纠缠不清的，她对自己是狠毒的，放下了就是放下了，即使心中还在想着他，她也不会表现出来。

但她是在尘埃里自将萎谢了，有很长的时间惊艳不起来，不得不说，上海是她的土壤，花的尸身早就被尘埃深深地埋在土里，若是用思想的利剑，在此刻就能砍出血来。

在游轮上呆呆地望着远处残败不堪的"水仙花"，她问自己到底舍不舍得，到底值不值得，值不值得的在此刻也在一瞬间变成了恨——不是怨恨，是遗恨。

他们的相遇是偶然，他们的分散则是必然。在《沉香屑》中，她把乔琪乔看得那么透彻，怎么轮到自己就深陷其中无法自拔呢？多年以后，多少人发出类似的感叹，这就是"水仙子"的宿命吗？怪她总是拒人于千里之外。时过境迁，所有的爱恨已经定格，我倒是欣慰起来，如果她遇见的不是胡兰成呢？又会不会遇见更加让她悲哀到尘埃里的男子？在爱情里，付出与回报永远不能成正比，不知道是谁先燃起的战火，这种欣赏还附送着无穷无尽的折磨，不要也罢。

她恨过吗？答案当然是肯定的，若是不恨，又怎会刻骨铭心；若是不恨，又怎会回忆到生命的最后一刻。她笔下的男子是堕落风流的，她笔下的女子是爱情至上、逆来顺受的，但她绝不会允许自己走那些女子的老路，她最无法接受的就是自己看不起自己，作为才女的尊贵，爱得轰轰烈烈，走得淡定从容。

不知道何为借酒消愁，心里有着长长的伤口，再多的酒也淹不到心里去。谁又会真心寻觅她的芳踪，谁让古墓般的苍凉造就了"水仙子"的性格——孤芳自赏，她也只能孤芳自赏。

离开大陆后，她给他寄过一封信，简单的几行字说明写信的目的，听闻《今生今世》的出版，她是来借阅的，纵然胡兰成仍有撩拨之语，张爱玲依旧是淡然的，与分手的时候一样决绝。对她来说，结束了就是结束了，情与爱，恩与怨，早就在无数次的回忆中被轻轻撕碎，就此在人海中沉默，生死不复相见。

爱有多深，恨就有多长。她与他的爱情却不是对立的，在以后的打磨中竟然融为一体，既然梦见了邵之雍，相信此刻的张爱玲已经真正地释怀了。

这段倾国倾城的孽缘到底是谁输谁赢？那些自以为倾倒众生的故事也终究沦为了老生常谈。

我们都伤了。

不管你的条件有多差，总会有个人在爱你。不管你的条件有多好，也总有个人不爱你。

——《半生缘》

欣赏，是她一生的"春药"

　　她是破碎的尘烟里最坦荡的存在，毫不顾忌地擦拭着高脚杯边残留的香气，琉璃金灯下面自然是一派莺歌燕舞。她身在其中，又无法融入其中，恰似一个记错牌号的服务生，就这样在霓虹闪闪的墙角下立着。周围的空气热气腾腾，这空气在自己眼中经过，怎么就降到了零摄氏度？

　　纷纷扰扰，若即若离。她存在过，在这里走过，忠于自己的内心，忠于自己的想要。张小姐真正地活过一次，她活着，不在于社会让她开怀，而在于她选择了开怀，哪怕只有这一瞬间，也许就一眼万年。

　　郁达夫婚姻生活的匪夷所思，陆小曼情感生活的堕落轻佻，曾经不止一次地被众人当作茶余饭后的谈资，也许只有在肆笑嘲讽中，也许只有可以忽略才子佳人们的才华时，普通人的心灵才会得到安慰。

　　"出名要趁早"抽动了很多人的神经，毕竟在当时的环境下，敢于喊出自己内心的真话，即使她是张爱玲，也同样是不受人推崇的，即便在现在，还是有种灰色的感觉。这句得意之语是在她声名鹊起的时候发出的，其实她有自己的骄傲，但更多的则是一种自立自尊的解放，她独立了——真正的独立。

　　选择跨出张公馆的那一刻，用逃离来实现自我，用出走来寻找自尊。母亲不是带有"牺牲"精神的传统女人，她不会为了女儿做出牺牲，那是对她新女性主义的亵渎和挑战。黄素琼慢慢地从神坛上跌落下来，历史老师自掏腰包的八百元奖学金也在几刻钟的时间内被母亲输掉了。在母亲心里，男人似乎比女儿更重要，在张爱玲经济最窘迫的时候，母亲还是跟着一个男人远走欧洲，头也不回，和自己离开张公馆的时候有着相似的音容。

一个天才的女儿收到了母亲催嫁的信件，我一直认为才女和婚姻是势不两立的，尤其是像张爱玲一般的传奇女子，婚姻和她处于天平的两个极端，而且随着阅历和内涵的增加，天平只会越来越倾斜，直到分裂。当然不能否认张爱玲是有结婚的想法的，只是现在还时机未到。

嫁人可以生活无忧，可以用学费来装扮自己，女人一生也不过如此。但这当然不是张爱玲要走的路，即使整日要为学费伤神，她也要为自己活一次，无论精彩还是破碎，无怨无悔。

大多数女人选择的路不是张爱玲要走的路，在触手可及与遥不可期之中不断切换，直到惊为天人，直到伸手就可以碰触自己的想要。此刻就是天堂，在天堂里无人分享、无人欣赏。但她是张爱玲，她是水仙子，希腊神话中的投河人即使陨落在地狱，也会在天堂里开出花来，希腊神话中从来没有一生一死的事物，从此刻死去，从那刻喷发。

普通人眼中的她甚至不像是一个"出淤泥而不染"的才女作家，她庸俗，她重视名利，她深谙世故。难道"出名要趁早"只是为了一举成名吗？她没这么肤浅，她要的是独立，人格独立随之也经济独立。她需要用自己的笔杆子号召所有的女性独立吗？不需要，她也没这么强大，在当时沉甸甸的中国。她本就是一个在"死人堆"里爬出来的女子，踩着无数被其他人践踏的身躯，你还需要她用多悲天悯人的上帝情怀去掩盖自己的凉薄？

面对文笔花哨、气节全无的胡兰成，她表现出前所未有的勇敢，这种勇敢在时间地点都对，但人物却不对的环境中崛起。一开始，她要的似乎不是一个负责任的丈夫，也不是"一生一世一双人"的婚姻。她要的是懂我，是欣赏，是一种父爱畸形的演绎。

无家可归的孩子，在情感上也无家可归。她需要安全感，虽然深谙世故，但碍于年龄的关系，到底是少女，此刻在她眼中，胡兰成就是一棵参天大树，既是自己的追随者，又是自己的避风港。但欣赏的情怀总是大于一棵参天大树。

胡兰成是张爱玲一生躲不过的情劫，整夜整夜地说话，握着手，天就要亮了，她还是不愿睡去。生怕自己一觉醒来，这个千载难遇的知音原来只是一场幽梦。

胡兰成是汪伪政权的"御用文人"，即便对时局再不敏感，张爱玲也应该清楚嫁给这种男人的后果。她一直想做这个决定，孤身在外也用不着家人的眼光去审视这个知音。他是"文化汉奸"，像鱼一样滑的投机分子，只要能够在灯红酒绿下生存，气节也是全然不顾，在这"翻手为云覆手为雨"的乱世，活着才是最重要的，还要活得精彩，活得圆滑世故。

那晚的温州大雨倾盆，她不愿多留一晚，纵然河水多深多凉——深也深不过男人的心，凉也凉不过自己的心，拂起自己的旗袍，蹚着水过河。

死缠烂打在她看来最是恶心，爱就是不问值不值得，纠缠不清也不是真的爱你，要用自尊换来的安全感，她不要。

四年情逝，爱都走了，不过是四年而已，只想求一个干净而已。爱恨不彻底，忘记也不彻底，离开要彻底，即使是表象。每一个选择都忠于自己的内心，每一个选择都忠于自己的想要，确实是一段终身之伤的婚姻，却也在这场婚姻中得到了自己的想要。总之，他懂我就好，他欣赏我便好。

她活得自我，活得张扬任性，任何的画面都是自己描绘，永远屈从于别人的生活标准，这样活得就太不"张爱玲"了。

人到底是为谁而活？都在摸爬滚打中忘记了自己真正的想要，死到临头都不舍得给自己一个尊重。不是上帝，就不要奢求全世界都来爱你，你只需要爱你自己。也许你不喜欢我，但我喜欢我自己。

她把孤芳自赏发挥到了一种极致，像一座座哀而不伤的山峰，用尽了浑身力气也翻不过去，因为那是自己的领地。

欣赏，是她一生的"春药"。奔跑了一生的女人，牺牲了自己的女人，终究要有一个栖息地，旁若无人，唯有自己。

缺乏了解真是可怕的事，可以使最普通的人变成恶魔。

——《异乡记》

可能已经被"格式化"了的胡兰成

起初是在古文化街的旧书摊上发现了《今生今世》，藏青色的外皮，不知道是何种字体的书名，第一眼竟有恍然若梦的感觉。那段时间的怀旧情结在思想里泛滥开来，索性不在乎胡兰成的前尘往事，只看了泛黄的书页，就决定看下去。

他的情感经历一片花草气息，但细细读来后，也开始怀疑起作者的性别来，这真的是出自一位男作家之手？自知阅历不丰，所以这种媚气婉丽的文风亦是第一次见，可以这样说，在我阅读过的男作家的作品中，这种文风他独树一帜。

二十二年前，张爱玲用她的死换来了社会各界的"活"，胡兰成的《今生今世》再一次出现在人们的视野中。《今生今世》在写就之前自然有假想读者，熟悉当年往事的人也同样有期待视野，所以那句"低到尘埃"的痴恋之语又再一次被消费。被消费这件事，张爱玲本人也是极其反感的，她曾在寄给友人的信件中称其为"无赖人"。一个决心自绝于世的人，听到任何关于当年的风吹草动，想来都会心惊肉跳。

身边常常不乏胡兰成借女人之风让自己飞起的评论，自知这样的评论当然带有同情的态度，但也是对张爱玲的不敬，不如把胡兰成从"格子里"划出来，也来谈一谈可以独立为个体的他。

做过中学教员，学问定是不差的，散文更是在众多作家中一枝独秀。自古以来的道德传统观念，文人与气节总是紧密结合的，所以即使胡兰成的才气再高，也是不能把评论在大庭广众之下宣之于口的。在气节方面，他无疑是一个"文化汉奸"。

胡兰成是一个地道的"张迷"，他仰望她到了如痴如醉的地步，但作为自负的男人，在心里也是很想和张爱玲一决高下的。不想很快败下阵来，毫无起死回生的余地，彻底被张爱玲的才气所折服，还不自觉地成了她的学生。

其实一个女子被同性嫉妒并不能说明什么，若是能被同性欣赏而且还被异性嫉妒，那么这种女子才真的是万中无一。

打开《今生今世》，发现仿佛一切都是美好的：世间万物，千山万水，在胡兰成的眼中都是完美无缺的。爱人是好的，情人也是好的；好人是好的，坏人也是好的；被杀者是好的，杀人者亦是好的。所有的一切，在他的眼中都是应该发生的，均是合情合理的。

他怎会在这里流露出愧疚之意？因为这过往的种种，他从来是不会认为自己做错了，既然一切都合情合理，又为什么要去忏悔呢？

他这一生，漫山遍野开遍，女人之于他，永远不会是生命的全部，但对女人们来说，胡兰成却是她们的天空——满满的，她们愿意去接受这沉甸甸甚至如乌云般压抑的爱。

热衷于官场的男人总是有着极强的征服欲和占有欲，无论是对人亦或是事物。他是不可能用自己的碌碌无为去换取妻子的平凡可贵的，若是心陷于此种男子，弱的一方必定要魂飞魄散，因为在这种男子的心中，从来就没有一个人可以称得上神圣，和自己比起来，一切都不值一提，不值得自己信仰。

他在感情上当然是卑劣的，有愧于原配唐玉凤，辜负才女张爱玲，落难的时候还不忘和朋友的妹妹暧昧，欺骗小护士，利用俏寡妇。类似的经历数不胜数，他倒是推得干净，畅游于《今生今世》中，把这花花绿绿的情史用婉魅多姿的词语粉饰得欢天喜地，他自己还沉醉其中，无法自拔。

既然曾经情海同游过，一定有着共同之处。在自我的问题上，张爱玲与胡兰成是有着相似之处的。张爱玲是自我的、是自控的，她的自我思想超出了当时的社会文化背景，甚至领先于当今的思想潮流。存在于世间的个体就是要为自己而活，尊重自己甚于尊重社会，凉薄也好，自私也罢，无论怎样都要按照自己的方式活这一生。胡兰成亦是自我的，但这种自我实在是有些不光彩，确定了自我的上限，却控制不了自我的下限。

曾不止一次地思考过，也许我们现在看见的胡兰成，是一个已经被限定了的胡兰成，是一个被"格式化"了的胡兰成，我们已然习惯于通过张爱玲的眼睛去重新审读胡兰成。

才子佳人的故事流传至今，但胡兰成并不是一个文人，他的文笔的确让人惊艳，他的文学功底深厚，博览群书，但其人真的不算是一个纯粹的文人。他无疑是一个"野心家"，渴望自己成为不安于现状的乱世枭雄，这样一个"野心家"又怎会爱情至上？

这样的男子只是当时特殊历史环境的一个折射，只是一类男子的代表，为了生存，他没有做错什么，我们只是感到惋惜，为什么这样的男子会让张爱玲遇见。

负心汉的名声铺天盖地，也许都忘了胡兰成究竟是怎样的社会角色。中国男人最唾弃的两种女人，一个是鲁迅先生笔下的祥林嫂，一个便是委身于汉奸的张爱玲。这究竟是为何？研究张学的人总是女多男少，其实这样一位光芒四射的才女是比林徽因更加让人倾倒的，只是大多数男子在心里不停地惋惜，为什么这样的女人要嫁给胡兰成？为什么这样的才女没有嫁给我？她明明可以是我的。

在对待张小姐的问题上，并不是得不到的就是最好的，而是得不到的便不是最好的，相反还是令人酸气爆棚的，甚至不惜去唾弃的。

胡兰成是一个游历人间的看客，他真正爱的是世间万象，他觉得下一个总比这一个多情有趣。《今生今世》的扬扬得意还是刺痛了我敏感的神经，想来又何必义愤填膺呢？胡兰成终其一生都不曾愧疚过，因为他觉得他一生所有的故事都是合情合理、理所应当的。

第四章

曾经沧海难为水——岁月曾被海风轻轻撕碎

雨声潺潺，像住在溪边，宁愿天天下雨，以为你是因为下雨不来。

——《小团圆》

你曾似烈酒，是非无可挽留

命运对他们好吝啬，从张爱玲那里预支九年去偿还桑弧，这道旨意是张爱玲的期许吗？桥边的美人蕉被心里的雨打湿一片，她忽然好自卑，再三摇头只能无言以对，这天地间的爱恨恢恢，她是不得已要说声"失陪"的。

她并不指望桑弧的爱，桑弧是个庄重内隐的人，他把家族看得和自己一样重要。双亲早逝，他是由兄长一手教养长大的，这种长兄若父的情感在桑弧眼中是庄严的，尤其是在私人感情的选择上，他不可能放飞自我。

有缘无分也好，情深缘浅也罢，那么绝顶聪明，她可以猜出这段感情的结果。不过对这一次的付出，她没有后悔过，因为那时的夕阳，曾经有过他的脸庞。

也许解除失恋痛苦最好的办法就是另寻新欢，这段感情对张爱玲而言何止是失恋而已？那时刚和胡兰成分手不久，虽然要时刻保持自己独立人格的尊贵，但她首先是一个女人，一个刚刚在婚姻战争的硝烟中走出来的女人——衣衫褴褛，灰头土脸。头还是高扬着的，不在意留下的满目疮痍，清瘦的锁骨忘记了柴骨架起的领口。

1947 年，上海文华电影公司首次推出了由刘琼、陈燕燕联合主演的电影《不了情》，这是张爱玲与桑弧的缘起。《不了情》的出现不仅让文华电影公司声名鹊起，也让此时处于尴尬境地的张爱玲获得了短暂的宁静。

"雨声潺潺，像住在溪边，宁愿天天下雨，以为你是因为下雨不来。"初次翻开《小团圆》就被这难得的表白惊艳了，想来这一定是九莉对之雍说的话，仔细看下来，却是对燕山的内心独白。书中的燕山一出场，只觉得一片艳阳，画面变得欢快起来，字里行间都好似透着九莉无处安放的少女心。被上帝偷走了"初恋"，现在又要还她一个"初恋"，曾经因为之雍错过的，现在都可以要回来，毕竟自我还在。

原来自己也可以拥有平凡人的青春，可以躲着世人的目光和他一起坐在走廊的台阶上，他不敢看自己的眼睛，却可以听得见彼此兵荒马乱一般的心跳声，怎么竟如此巧妙？此时的张小姐也"少女"了一次，虽然这么多年她的阿姨心已经占据了大半个青春，但燕山的出现却丝毫不影响她"返老还童"，在世俗压力的讨伐声中，燕山还是陪着她"乍暖还寒"了一次。

还未到而立之年的彼此，不约而同忘记了年轻人该有的奋不顾身，燕山是内敛稳健的，是传统的中国男人。身上背负的不仅是自己的前程，甚至还带着家族的希望，在传统面前，他不会抛开一切去追求自己的幸福，因为有时候在"勇敢"这个词面前，男人比起女人来还远远不够。

舆论的压力是猛过洪水的，一时疏忽就会被时代的洪水冲刷得无影无踪。和之雍比起来，燕山对九莉的欣赏程度也毫不逊色，与之雍不同的是，燕山似乎少了一种征服欲，对九莉的感情寄托，更多的则被仰望崇拜所代替。九莉是他心中的女神，是神圣的，是不可以被世俗污染的，但世俗还是事与愿违地围绕在女神的身边。整个世界都是颠倒的，她是颠沛流离地活着，无论如何，就是要把她扶上神坛，哪怕这个神坛仅仅是自己心中的神坛。

她已经被抛在了一望无际的沙漠里，风沙飞扬，到如今也是不会再有一字一泪的泣血经历。如果说毫无缘分，今生又偏偏遇见你；倘若可以感天动地，奈何还未准备好，他不知道什么时候就匆匆离去。

曾经对"勇敢"这个词一无所知，但还是这样去做了，到最后灰飞烟灭恐怕也是自己的过错。不愿意再拖累他，与其让彼此一步步幻灭，倒不如现在就斩断，让所有不期而遇都成为优雅的转身，她只为了求一个洒脱。

张爱玲离开后，桑弧的事业倒是越来越好，无论二者之间是否存在联系，想必知道桑弧的经历后，张爱玲对自己的选择是完全不会后悔了。胡兰成把承诺说得太早，而桑弧的承诺还未来得及说，事情就已经结束了——不留余地地结束了。也许面对高高在上的女神，他是永远也无法说出口了，感情是相互的，他们应该都未曾后悔过，因为那时候，幸好有彼此。

比起胡兰成的大张旗鼓，很多年来，桑弧对两人的往事只字未提，撰写的回忆录，提到张爱玲的时候也是蜻蜓点水般地带过。柯灵曾经对陈子善说起桑弧，他直接告诉陈子善，桑弧应该什么都不会说。当终于有机会面见桑弧，陈子善提起张爱玲的时候，桑弧未容陈子善多说，便连连摇头说自己已经不记得那些往事了。

没有结局的结局，也不用过多地渲染。也许年少的桑弧没有勇气去接受这样一个千疮百孔的女人，同样地，被胡兰成消耗半生的张爱玲也无法具备去憧憬一段初恋一般的爱情的勇气了，她的勇敢早已经在胡兰成那里用尽。

沉默，是为人处世的最高境界。桑弧当然没有胡兰成那般风雅多情，他不懂得怎样去浪漫，却可以把责任当作追求的目标，在张爱玲这里，胡兰成来得太早了，桑弧来得太晚了。感情永远没有谁对谁错，不知道当年究竟还发生了多少世人未知的往事，但这段不了情缘，终究还是了结了。

她沦陷在胡兰成的"懂得"中，桑弧用自己的沉默换作尊重来兑现他极高的敬意。她已经选择自绝于世，碰到了以往的事情的一丝一毫都会感到天塌一般的恐惧。对一世难求的懂得，此时的尊重更能带给她稳稳的安全感。

只当作桑弧心中最不愿被人窥视的珍贵记忆，也许他只愿意分享给那年与自己相谈甚欢的才女编剧，这段压抑了半个世纪的感情，终于走到了结局。

经历了奋不顾身的爱情，没有尝过陈年老酒的浓烈，现在补上了这一坛，其中的甜涩滋味永远不会再宣之于口，只剩下这一段没有变得面目全非。任何人都不属于任何人，谁也不是谁的救世主，何必把自己捆绑到另一个人的身上，即使他宛若烈酒，却也不愿挽留。你说放不下，可放不下亦是无用。辗转世间的风花雪月，从来不会因为谁去改变。他说求不得，可求得了又有什么区别？从没有什么是永恒不变的，得到的终归是要以失去作为最后的结局的。

岁月终究是没有饶过她。

在我们的社会里，年纪大一点的女人，如果与情爱无缘了还要想到爱，一定要碰到无数小小的不如意，龌龊的刺恼，把自尊心弄得千疮百孔……

——《忘不了的画》

这个转身，是你最"正确"的决定

那么孤傲的一个女子。如果我是当时的她，我会以怎样的方式选择离开呢？也许我是没有勇气离开的，自然也没有勇气留在这里，明知道已经在破坏中，还会有更大的破坏要来，此刻竟犹疑了。

其实对张爱玲的离开而言，我是欣慰的，我感叹她的绝顶聪明。她总是长着一双常人不具备的深邃之眼，拥有无限的预知能力和敏锐洞察力。她是有多恨自己，就这么一走了之，头也不回，仿佛故土于她而言只是年少时的夜梦。一把火烧了过往，走了干净。当时光的窗帘被风拂着，划过旧公寓外的那棵树，她来不及和任何人告别，走得凉薄仓促，走得毅然决然。

1950 年 3 月，夏衍任职上海文化局局长，他对张爱玲早有耳闻，当然也十分欣赏珍惜这位乱世中走出来的奇才。1950 年 1 月，在夏衍的力推下，张爱玲参加了上海第一次文学艺术界代表大会。

进入会场的时候，她身着一身旗袍，外面套了一件网状白绒线衫，本来是刻意坐在后几排的，她不想太引人注目。但是满世界的蓝灰色中山装里，她显得格外刺眼……

每个人都住在自己的衣服里，自己有自己的衣服，这衣服不仅仅是御寒的工具，也不仅仅是外在的装饰。衣服可以传达一种思想、一种个性、一种特立独行。

她也许早就料到，和"真命天子"胡兰成曾经深入骨髓的依赖如今则变成了毫无意义的回忆，就像在一片荒芜的沙漠中等待一艘船。这种没有意义的等待让她在一瞬间顿悟，真正爱一个人是没有意识的状态，面对对方期待的双眼也是吞吞吐吐讲不出一句话来，因为爱情本就是无条件的感性反应，凡能分门别类列出喜欢条件的行为恐怕均是掺杂了利益的成分，甜言蜜语永远只会说给不相干的人听。既然回忆已经失去意义，留在这里与离开又有什么区别呢？

此时张爱玲心境的感悟就像是她的文字，她的文字冰冷透骨，没有一丝温情。张爱玲文字的冰冷无情其实来源于她心里的冷，而她心灵上的冷根源就在于原生家庭的冰冷。

幼年时期严重的心理创伤并没有随着时间的推移渐渐消退，反而因为这十几年来的风雨交加使得曾经的恐惧更加刻骨铭心。她在潜意识中早就形成了警戒恐惧的固定思维，在本就世态炎凉的环境下产生强烈的敌对心态。

她是有着落魄贵族的冷眼旁观的态度的，虽然生活在灯红酒绿、纸醉金迷的上海，但也是以一名隐士的身份游走在世间角落里的。"小隐隐于野，大隐隐于世"，若是极致的隐居呢？又在何处？张爱玲给了世人一个很好的场所——云层，她无疑是躲在云层里看红尘的女子。

她一直都在寻找生命中"父亲"的角色，她也一直都在有意无意地模仿"母亲"的形象。于是，那些挥之不去的童年之伤随着她的追寻，变得更加尖锐锋利。她的人生被孤独和无助填满，她在四下无人的世界里苦苦找寻，直到迷路。当找不到回去的路时，她往往会通过另一种方式，走向内心，放大自我优势，用以补偿自己，解决原始缺陷和追求优越之间的矛盾。

一个人，来到世间，先接触的都是父母。安全感、信任感、正确合理的认知，都从父母那里获得。正常良好的家庭关系，会让我们获得这一切，并将这种爱福泽自身并且传递给身边的人。

张志沂与黄素琼这对人人倾羡的"金童玉女"给不了女儿正常的亲情滋养。所以女儿本能地选择逃离，她抛弃了以往的一切——千疮百孔的婚姻，只可共青春不可共晚年的友情，如古墓一般苍凉的张公馆。

自己过去的一切都是自己的敌人，她无力抗拒，只能选择别离。

30岁以前，层层光辉加在她的身上，30岁以后，她有意识地卸去这些光辉。但是，无论她怎样"一贫如洗"，转身的那一瞬依然光芒万丈，在她这里，原来是可以征服一切的。

第五章

尘光往事似流水——胶片中的陈年旧梦

以美好的身体取悦人，是世界上最古老的职业，也是极普遍的妇女职业，为谋生而结婚的女人全可以归在这一项下。这也毋庸讳言——有美丽的身体，以身体悦人，有美丽的思想，以思想悦人，其实也没有多大的分别。

——《中国人的宗教》

比起无知的深渊，我愿意在地狱里向死而生

女子因爱而性，男子却是因性而爱的，无论他的学识地位如何，无论他是怎样的社会角色，这些外在的装饰都无法忽视男子是一种简单粗暴的视觉性动物。作为一名女作家，张爱玲是追求天性解放的，所以她并不否认性是爱情的一个重要支撑点。"性命"一词的构成，因为有性才有命，这一点她是不会刻意去回避的。

这是如此悲壮的女特工之死，王佳芝刺杀行动失败，易先生还是毫不留情地送她去了天堂，在黑暗谍海里挣扎的易先生从来没有爱情般的悲悯之心，压抑已久的情感在情欲得到释放的时候都像是一场战争。他和她纠缠在一起，灵魂与肉体达到完美结合的那一刻，表情却是极度痛苦的，眼前的这个女人对他而言到底是一种怎样的角色？

本是惊世骇俗的女革命烈士，怎么就沦陷在了汉奸的温柔乡里？原来美人计不会像历史上演绎得那般唯美悲情，可能只是一次热血涌上心头的冲动选择，就当是为了家国大业牺牲一次自己的身体又如何，反正自己也是没有避风港的。这次欲仙欲死的饮血男女之间的狂欢，就当是自己绽放的最后一刻。身体上的双峰之间迸发出狂烈的鲜血竟然可以把二十余年的阴云就此冲散得无影无踪，你是谁并不重要，你来了就好。

世人不能原谅王佳芝背叛革命与信仰毫无保留地爱上了汉奸易默成，在恋爱中，女人的智商果然降低为零，即使王佳芝是一个受过所谓"专业训练"的女特工。在影片中，王佳芝完全可以

用床边的手枪结束刺杀的任务，毕竟此时的易默成已经几乎松懈了，但是她没有，她用枕头遮住易先生略有怀疑的双眼，与其说是掩饰，不如说是逃避。王佳芝逃避自己内心的感情，她的表情由痛苦转变成了压抑，她纠结于革命信仰与自己的内心。

王佳芝为什么选择放走易先生？并不是因为爱情，而是失望，彻彻底底的失望。比起易先生的所作所为，佳芝的原生家庭以及上司、同学的伤害才是将她推向深渊的元凶。在影片中，佳芝的母亲并没有被过多提及，而是交代了父亲抛弃女儿前往英国再婚的事情，佳芝给父亲寄信的过程，更是压抑住自己不敢爆发的亲情与父亲撇清责任。她不敢撕碎了脆弱的面具给众人看，只能在漆黑的影院里留下祭奠亲情的眼泪，佳芝被家庭抛弃了。

再把目光聚焦到打着革命信仰旗号的上级吴先生身上，吴先生出场的场所以及穿着、语气，便可以充分显示出其不可一世的官腔，那种居高临下的气势理所应当地给"七人暗杀小组"下达任务，并一直在用自己家破人亡的悲惨经历训斥学生，说暗杀小组成员的心智不成熟。这其实是一种"革命式道德绑架"，在他的眼中，既然自己付出了所有，别人就有天然的义务同样万劫不复，这些学生并不是热血的革命青年，而是他手中的工具。更让人无法接受的是他销毁了佳芝寄给父亲的绝笔信，他堵死了佳芝的所有活路，这个"以爱之名"被迫卷进刺杀任务的缺乏心机的天真少女真的已经被逼到了悬崖上，再无退路。

张爱玲在塑造人性丑恶的一面的时候，从来都是所向披靡的，所以暗恋邝裕民、嫉恨王佳芝的赖秀金出现了。佳芝本可以远离暗杀任务自己偷偷地暗恋邝裕民，但是赖秀金的妒火不允许佳芝置身事外，她"以爱之名"将佳芝拉入了"热血革命小分队"。纯真的少女为了爱情是不计后果的，为了拉近与自己暗恋对象的关系，加之自身确有的爱国情怀，佳芝选择相信自己的同学，选择相信邝裕民。

在这场女人和男人的情欲交锋中，悲剧的种子恰恰是一个女人埋下的，没有错，这个女人就是赖秀金，这个在影片中没有多大存在感的角色。赖秀金认为自己已经是暗杀小组中的灵魂人物，她暗恋喜欢王佳芝的邝裕民，本就靠着发国难财生存的她当然以自私为最高生活标准，加之对王佳芝的情感妒火，所以她毫不犹豫地设计了一场夺走王佳芝贞洁的阴谋，最让赖秀金骄傲的事情是她可以扛起为民救国的道德大旗，使得并不光彩甚至卑劣的手段进行得光明磊落。

前期的王佳芝可以算作一个不折不扣的傻女人，糊里糊涂地被猥琐的梁润生夺走了"第一次"，在荒唐的暑假还没来得及结束时，佳芝接到了易先生已经离开的电话，她忍不住流下了悔恨绝望的泪水，而这个时候的"热血小分队"成员呢？他们早就忘记了刺杀计划，不约而同地与赖秀金站在了一个战壕里，他们肆意嘲笑丢了"贞洁"的王佳芝，就连此前暗恋佳芝的邝裕民与"麦先生"欧阳都开始流露出嫌恶佳芝的感觉。佳芝被身边别有用心的闺密与头脑简单的同学们算计了！什么家国大义，佳芝本就是一个为爱献身的少女，真相是她没有那么崇高的革命情怀，只可惜邝裕民可以展臂一呼，却不敢面对自己的内心，试问一个不敢接纳自己、面对自己内心的男人，还谈什么复国抗日？

自我人格是一个活在世界上的人最崇高的价值体现，一个真正有灵魂的人从来就不需要共同体。刀枪无眼的黑暗年代，国家集体、革命信仰离自己都太过遥远，只有自己内心的感情才是真实的，才是触手可及的。佳芝可以背叛家国大义，可以弃革命信仰于不顾，"色易守，情难防"，本是假戏真做地撩拨，却难以抗拒这个汉奸真的钻到了自己的心里，而且越钻越深。

她不想结束易默成的生命，也不敢结束他的生命，因为在这地狱一般的生活中，佳芝不知道易先生离开以后，还有谁可以让她活，只有和易先生在一起的时候，佳芝才觉得自己是有生命的。易默成就像一条毒蛇，紧紧地缠绕在了佳芝的脖子上，越缠越紧，若是佳芝斩杀了这条毒蛇，她甚至不知道该和谁去邀功，她心里十分清楚，吴先生是不会兑现刺杀成功的承诺的，而年少的初恋邝裕民则是一如既往的懦弱。邝裕民可以把头低到地面上都无法面对自己的想要，三年前和佳芝分享第一次的人本来可以是他，但他选择作为团队领导者的荣耀，也不愿意让队员觉得自己见色起意。面对感情他不敢直视内心，他愿意忍受自己喜欢的人和一个不相干的男人同床的屈辱，他还是拥有革命报国的热情，只是这种所谓的大义凛然用错了地方，作为一个男人，他把希望和为兄长复仇的愿望都压在了女人身上。这样的热血青年被一个别有用心的女人和一群各怀鬼胎的队友一次次设计利用，当家国大义在他们的口中屡次被提起的时候，简直讽刺至极。

影片中一共展示了五场床戏，前两场床戏的主角是王佳芝与梁润生，至于佳芝为什么选择梁润生作为自己的第一个男人，原因很简单，根据赖秀金的理由便是四个男生中只有梁润生有过性经验。而所谓的经验竟然是嫖妓，赖秀金安排一个热衷嫖妓的"无用男"直接把王佳芝丢进了深渊，梁润生把自己与风尘女子乱来的云雨笨拙地给了自己的同学。在同学的眼中，梁润生是肮脏的，因为一个整日与妓女厮混的男人能有多么高尚？讽刺的是，就是这个猥琐的男人得到了佳芝的"第一次"，赖秀金的阴谋彻底胜利，女人对付起女人来，果真无比恶毒。

第二场与梁润生的床戏是为了与易先生的故事做铺垫，从第一次"战争"后的嘴角上扬，到第二次表情麻木，身体却很诚实的反应，直到第三次的疯狂释放。实际上，三场床戏正是反映了佳芝内心的不断变化，从糊里糊涂到破罐子破摔，再到云山雾罩的爱意，尽管只是误会，尽管这种成长太过痛苦，但王佳芝还是完成了蜕变。

与其说是"色戒"，不如说是误会。王佳芝误会邝裕民深爱自己，所以加入了暗杀小组，因为赖秀金的从中作梗，邝裕民误会王佳芝自愿选择了梁润生；接着就是易默成误会王佳芝爱上了自己，然后自己也分不清情里情外，在谍海中挣扎的老谋深算险些被王佳芝推进了地狱里；最后是王佳芝误会易先生已经爱上了自己，然后甘愿付出生命的代价去选择自己的内心。所有的误会都抵不过一个最讽刺的误会，影片中那些高呼救国救民的人恰恰是最虚伪的小人，每个所谓的"革命者"都是利己主义者，含有巨大的私心，对他们而言，佳芝和邝裕民只是两个提线木偶。

这场爱情的确是伸手不见五指的地狱，但在这个地狱里，佳芝知道自己生命的目的，比起遥不可及的民族大义，她还是选择忠于自己的内心。佳芝的死亡是最美丽的死亡，革命太远，我只想爱，女人就是这样简单。

对 30 岁以后的人来说，十年八年不过是指缝间的事。而对年轻人而言，三年五年就可以是一生一世。

——《半生缘》

你像风来了又走

《朴廉绅士》是美国小说家马宽德在 1940 年出版的一部畅销小说。马宽德于 1938 年凭借作品《乔治·爱普里遗事》获得普利策小说奖，该作品的荣誉也让大众不知不觉淡忘了这部曾经风靡一时的《朴廉绅士》。张爱玲一直是擅长寻觅沧海遗珠的作家，譬如她可以将《红楼梦》中随意出现的普通语句改造成惊艳众人的绝美名句，从而使得这些曾经普通的句子摇身一变就成为张派的传世经典。同样地，这部《半生缘》的前身《十八春》的大部分故事框架就来自马宽德的《朴廉绅士》，只是张爱玲加入了中国特有的历史背景，加之张派的华丽苍凉手法，于是这部凄美的爱情悲剧——《半生缘》就此诞生了。

这部姐姐为保全自己的家庭而联合丈夫一起戕害亲生妹妹的影视作品一直是很多人幼时的阴影，一直感叹张爱玲为什么要把这种风花雪月的完美爱情毁灭得一干二净，那仅有的依恋也随着顾曼桢人生的幻灭而幻灭。《半生缘》算是张爱玲试图靠拢新时代思想的第一次尝试，虽然她已经有意识地将两姐妹的命运悲剧与历史环境联系起来，但依然可以看见张氏固有的"解剖人性"手法。仔细思来，两姐妹的悲剧原因，尤其是妹妹顾曼桢的悲剧原因也不完全是时代的错误，甚至可以说与时代没有太大的关系，说到底都是人性固有的性格缺陷导致了一系列悲剧的发生，因为《半生缘》的深邃从来不是风花雪月。

身怀梦想抱负的沈世钧不甘于按照父辈安排的道路走完波澜

不惊的一生，所以他离开家庭前往上海谋事。在工厂邂逅了温婉清纯的顾曼桢，比起石翠芝傲慢的大小姐脾气，沈世钧很快与知书达理的顾曼桢走到了一起。本来天造地设的一对恋人却屡屡因为自身的家庭琐事把婚事一拖再拖，直到曼桢被姐姐姐夫设计强暴并囚禁一年后生下姐夫的孩子，就此两人的命运再无交集，引得无限唏嘘。

事实上，张爱玲想要表达的仅仅是压迫人性的旧社会将两人逼到分道扬镳的悲惨结局吗？当然不是，这次她依然从人性弱点本身出发，一步步揭开两个世界的苍凉面纱。顾曼桢的悲剧在整部影片中牵动观影者的心，她的爱情波折也是最让人黯然神伤的，那么毁灭曼桢命运的人到底是谁？

来自原生家庭的观念

张爱玲笔下的母亲形象历来让人无法产生好感，自私、空虚的性格特点是张派母亲形象的大多数反映。曼桢的祖母和母亲以及几个弟弟类似一种"拖油瓶"一样的存在，更让人百思不得其解的是，年纪不大的母亲宁可让自己的女儿去做舞女养家赚钱，也要维持一种贵族太太的气派，当糊口都成为问题的时候，顾母还是不忘请一个用人去营造顾家显赫的空虚假象。

曼璐青春理想的彻底幻灭

父亲过早去世，虚荣的母亲加上年老体弱的祖母以及一群要吃饭上学的弟弟，作为长女的曼璐不得不扛起振兴门楣的大旗。偌大的上海，朝不保夕的枪炮年代，一个毫无背景的弱小女子又能做什么才能负担这么多人的人生？可想而知，她只能牺牲自己的身体，埋葬自己的青春换来弟弟妹妹的活。弟弟们嫌弃厌恶的态度更是让饱经风霜的曼璐痛苦不堪，血缘什么时候成了囚牢？难道因为血缘就要我来负担不该有的艰辛吗？自我在哪里？我的尊严又该让谁来买单？弟弟们不能接受自己的姐姐是个任人践踏的卑贱舞女，可是他们忘了自己现在的干净却是姐姐用身体换来的。人是有"习惯情结"的高级动物，也许姐姐的付出就是理所应当的，反过来享受恩惠的人还可以站在道德制高点上指责不要脸面的姐姐，原来人性可以这般恶毒，果真让人不寒而栗。

当然这些世俗的异样眼光还并不能让曼璐决心毁掉自己一心一意培养的高洁妹妹。曼璐曾经说过自己费尽心血培养的大学生妹妹不是为了给人家做姨太太的，自己已经如此肮脏，妹妹不能堕落下去。其实最让人唏嘘不已的不仅仅是沈世钧与顾曼桢，还有那位寂寞惯了的张豫瑾。年少时的曼璐和妹妹一样有一段缠绵悱恻的初恋，张豫瑾更是等了曼璐十年之久，张豫瑾可以接受千疮百孔的曼璐，但是曼璐已然认为自己的残花败柳不能再拖累初恋，所以两个人的感情同样无疾而终。只是张豫瑾依然是曼璐心中唯一的纯净土壤，她不能接受初恋竟然喜欢上妹妹，由此彻底崩溃扭曲，说到底女人的嫉妒之心能变成一把利剑刺穿所有情爱的命门，她从受害者变成了施暴者，真真无限悲哀！

张爱玲的语言是陪着一个女人一起成长的，它经得起时间的历练，不同的心境再看张爱玲的句子，感悟都是不尽相同的。年少时期的自己痛恨姐姐曼璐和人面兽心的祝鸿才，现在想来他们也不过是一对可怜人，被命运和时代操控的提线木偶竟是痛恨不起来了，反倒是曾经一度同情的沈世钧如今看来是如此懦弱。

我可以认为沈世钧在不到一年的时间里就与以前厌恶的石翠

芝喜结良缘是破罐子行为，可是站在翠芝的角度上呢？站在许叔惠的立场上呢？翠芝遇上不够爱自己的丈夫错过了真正的想要，沈世钧是一个好爸爸，却算不得一个好丈夫，至少对翠芝而言不是。世钧从开始到结束都是一个没有自我的人，被家庭琐事牵绊，被世俗眼光限制，他从心底里是看不起舞女顾曼璐的，他为了逃避家庭的压力给曼桢的建议竟然是与姐姐断绝关系，心地善良的曼桢当然不会同意，如此懦弱的男人只配拥有平淡如水的婚姻，他不配拥有独一无二的爱情。不过这种婚姻始终对石家大小姐不公平。

"一生一世一双人"的婚姻是真的不能掺杂任何误会的，曼桢和世钧遇到大大小小的误会，他们的选择仅仅是逃避，不公开，不解释。世钧面对自己的爱情甚至不具备公开的勇气，到头来顾母误会他毫无诚意，沈父又误会曼桢和她的姐姐一样是个不正经的风尘女子。曼桢也是一个没有自我的人，过于为家庭大局考虑而失去了自我，因为家庭的责任把和世钧的婚事一拖再拖。

许叔惠和沈世钧一样是一个不自信的人，他一度认为自己的出身背景配不上喜欢的石翠芝，翠芝可以为了许叔惠推掉和表哥一鹏的婚事，而叔惠呢？面对翠芝的正面表白，奉行了三不政策：不表示，不理睬，不拒绝。石翠芝仅仅是一个女人而已，再主动又能如何？自己说到底毕竟是一名大小姐，再喜欢亦是不能低到尘埃里的。

十四年后，曼桢和世钧两人再度相遇，时光兜兜转转，很多事情都变了。世钧已经是两个孩子的父亲，除了对子女的责任，还要负起一个家庭的顶梁柱责任，曾经没有勇气去追寻自己的爱情，现在更是没有任何回旋余地了。曼桢也已经人到中年，人老色衰，身边依偎着祝鸿才的独子。年少的激情已经被命运磨碎，浪漫的人生理想已经离自己太远，绝美的爱情、完美的婚姻都变得不再清晰，唯有眼前的孩子也许才是最真实的。

要感激张小姐将故事的真相提前撕碎了给世人看，因为即使世钧和曼桢组成了家庭也是充满了大大小小的战争，他们的爱情能进行到哪一步，谁都不能预料。两个都没有自我的人是没有能力为这一世的婚姻掌舵的，男人的懦弱、女人的失去自我都在之前就显示了两人的不完美结局。

无论是顾曼桢还是顾曼璐，甚至是祝鸿才、许叔惠、张豫瑾等所有出现的人，在面对自己人生的时候，在面对想要的爱情的时候，他们都没有张爱玲勇敢。张爱玲没有享受过正常婚姻家庭的滋养，若是这样的女人出现在我的面前，即使满身风雨，我依然愿意去接纳她，因为与她在一起两年也许就等于其他女人的一生。不知是谁将爱情与婚姻联系在了一起，追求所爱是需要勇气的，但选择婚姻只需要时间和责任，到底是谁将爱情套上了婚姻的契约思想？

深藏心中多年的对白只能留给不可兑现的永远，生活在别人世界里的人也永远不知道什么是勇敢，因为他们从来不会尊重自己，一言一行都那么在乎周围的目光，那么还有什么权利拥有爱情的青睐？

你就像风来了又走，我的心满满又空，越来越空。

人老了大多是时间的俘虏，被圈禁禁足。它待我还好——当然随时可以撕票。一笑。

——《对照记》

咒怨，被岁月风干的女人

　　把人性看得太透的人是不会幸福的，当然可以练就一身自我欺骗的本领，但总归是寝食难安的。所以出身普通阶层的曹七巧阴差阳错地被大户人家选为了儿媳，虽然名义上是儿媳，但是和用人无异，自然是一名买来的高级用人。社会地位的悬殊加上家庭生活的压迫，按照正常的故事发展走向，曹七巧应该是一步步被迫害致死的，但是这样的结局就太不"张爱玲"了。这世间的恩怨总不是无缘无故的，所以我受过的痛苦与尊重，现在要统统还给你们，这才符合等价交换的市场原则。

　　七巧从来没有为自己活过，幼时父母双亡，她由兄长抚养长大，当出落成风情泼辣的"麻油西施"的时候，却被无良贪财的兄嫂两人卖于姜家，出身卑微被姜家人欺辱，本是伺候自己的丫鬟也是一副趾高气扬的气势。大家人无情冷漠，自己的丈夫也应该对自己付出哪怕点点的真心，但姜家二少爷偏偏是一个先天的软骨病患者，七巧最后的避风港也不复存在。张爱玲笔下的女人是很少天真无邪的，所以七巧当然也不会是一个逆来顺受的黄毛丫头，她是一个隐藏在暗处的女阴谋家。什么爱有多深，爱得再深也会被时间冲淡，抓得住金钱才是自己唯一的保障。

　　她深知所有看似美好的爱情都是骗人的游戏，虽然知道三少爷季泽对自己只是闲来无事地撩拨，或者说他是看上了自己的钱，但她依然愿意在这微妙虚假的情爱里沉醉。季泽的确是一个感情骗子，但七巧还是希望他能骗自己骗得再久一些，只要距离真相再远一些，一切都还过得去，七巧自己也不知道为什么变得这样贱，女人就是这样贱？

七巧对金钱有着狂热的追求，但自己首先是一个女人，比起金钱来，她更加渴望情欲。丈夫是一个终日躺在床上的瘫子，虽然不知不觉地生下两个孩子，但丈夫给不了自己正常的夫妻生活，这种压抑在胸口的情欲更是渴望而不可说。当婆婆去世之后，七巧还是用自己的计策获得了些许家产，随之自立门户，但心中黄金牢笼的围墙被她越建越高，直到与三少爷感情的彻底幻灭，七巧她疯了。不在压抑中爆发，就在压抑中变态。人是生而平等的，所以她忍受的痛苦不能就这么算了，她要还给这个社会，但是没有报复社会的能力，于是与她最亲近的人就成了七巧进行报复的第一批"试验品"。

世人总感叹七巧命运悲剧的原因是被旧日的男权社会压迫致疯，但是他们都忽略了一个重要问题，在男权社会中压迫女性的往往就是女性。因为毫无思考能力的无立场的女性是最容易完成由受害者到施暴者的角色转换的，从而成为帮助男性统治社会的工具。这些由受害者变为施暴者的女性迫害起女性来并不亚于男性，因为她们最了解女性的致命弱点，往往可以一举击破，成功抽走更多女性受害者的灵魂，由此循环往复。

咒怨是来自地狱的声音，它是比鸦片还恐怖的东西，就像一颗毒草在七巧的心里生根发芽。在七巧的眼中，亲情、友情以及虚假的爱情都已经变得面目全非，金钱就是自己唯一的想要，金钱就是唯一可以真实存在的东西，有了钱就有了地位，有了钱就有了安全感。她是一个不折不扣的心理变态者，她融合了旧时代所有恶女的暗黑灵魂，她就是口中一直念着咒语慢慢向我们走来的恐怖女人。她刻薄低俗，卖弄尊严，自私小气，善嫉防人，最后更是破罐子破摔，竟然连自己生育的儿女都不肯放过。但我仍然不能恨她，也许是不敢恨她。

婚姻曾是女人的全部，是女人一生价值的具体体现，但从一开始七巧就走入了一个个的骗局。她不是一个懦弱无为的女人，她不甘于自己任人践踏的悲惨命运，所以她进行了反抗，但结局是毫无意义的。所以她选择在黄金的牢笼里做猛兽似的强烈反抗，她嫉恨儿媳的幸福，不忍心看到女儿拥有爱情，既然自己得不到的也不可能让别人得到，那就把它毁了！？

所以张爱玲笔下的人物形象的悲剧原因多数还是自身性格缺陷所致，当然人是不会独立于社会之外存在的个体，所以人物所处的社会环境还是值得一提，很难想象是怎样的原因把一个本是泼辣风情的少女变成一个面目可憎的女魔头的。

曹家攀附权贵的陈旧观念

长期在社会底层挣扎的人总是有一种统治阶级的思想的，他们渴望通过入仕或者婚姻来改变自己生活的轨迹，不能说七巧的婚姻完全是曹大年贪财的结果，但曹大年是一定有"望妹成凤"的私心的。两情相悦不过是生活的调味剂罢了，妹妹嫁入豪门也是对自己的肯定，说明这个兄长还是对妹妹负责的，况且还可以"一人得道，鸡犬升天"。

姜家居高临下的等级观念

无论是家世背景还是社会等级，可以说姜二少与曹七巧分明是两个世界的人，就像两条永不相交的平行线。已经处在末日的地主阶级有着比鼎盛时期更加强烈的居高临下的思想，他们阴鸷虚伪，他们不愿意看到阶级平等的那一天，所以在那场"浩劫"没有到来之前，自己要尽情狂热地享受这种高高在上的荣耀。所以出身贫民的七巧就成了姜家所有人的嘲讽对象，姜家人通过羞辱曹七巧来获得自己心灵上的满足，让自己不能忘记姜家还是大户人家的事实。

情欲与金钱的相互较量

曹七巧无疑是深宅大院中的性压抑患者，张爱玲不否认性是爱情生活的重要支撑点，长期缺少正常的夫妻生活使得曹七巧在情欲上得不到应有的满足，那个毫无生气的丈夫更像是压在自己胸口的石头，既不能无视，又无法割舍。性压抑造成了心理的失衡，七巧竟对曾经撩拨自己的小叔子季泽产生了不该有的好感，季泽虽然是一个堕落风流的少爷，却也知道家族伦理的规矩，无论怎样也是不会逾越雷池半步的。季泽与七巧之间似有若无的爱情游戏更是让七巧对爱情彻底不抱任何希望，只能建造黄金枷锁来掩盖卑微的灵魂，未到中年的女人就已经被岁月风干了。

七巧自身的性格缺陷

未出嫁前的七巧曾是一个争强好胜的女孩子，她并不是一个温柔娴静的女子，所以在某种程度上此种性格的女性是不适合嫁入深不可测的豪门的。七巧性情泼辣，讲话口无遮拦，甚至热衷于煽风点火、寻衅找碴儿。七巧和姜家的任何一个人都显得格格不入，在姜家这个陌生的环境里，七巧感知的只有深入骨髓的孤独，她只能靠着一张厚脸皮出卖尊严来靠近这里的每一个人。

嫉妒是人性中最丑恶的一面，嫉妒是一种循序渐进的心理变化过程。前期表现为因自己不如别人而产生的失落感；随着时间的发展则渐渐演变为无处发泄的心理挫败感；最后则演变为恐惧的怨恨心理。七巧对儿媳与女儿强烈的嫉妒心理让她失去了自己，自己守寡二十余年，承受巨大的孤独与痛苦，在姜家大院挣扎了半生，凭什么你们就可以得到真挚的感情和幸福稳定的婚姻？这不公平，命运给予我的爱情与尊重、卑微与不幸，这些我统统要还给你们，而且要加倍地还给你们。

　　片中有一幕是七巧不听劝告强行给女儿长安裹脚的情节，尽管当时裹脚的时代已经过去了，甚至三寸金莲还可能会成为嫁不出去的原因之一，但七巧仍然执意进行裹脚。在这里，裹脚是一个意象，它充当了男权社会中，女性由受害者到施暴者转变的一个重要工具，或者说给他人裹脚是曾经的受害者发泄的途径之一。

　　裹脚这种行为除了可以很好地控制女性的人身自由，使其彻底臣服于男权思想之外，也是一种畸形的审美观念。这种畸形的审美观念让受害女性不知不觉地迎合奉承男性，甚至在迎合的过程中感受到自身的愉悦，这对女性来讲不得不说是一种人性的悲哀。

　　我们也许没赶上看见三十年前的月亮，年轻的人想着三十年前的月亮应该是铜钱大的一个红黄的湿晕，像朵云轩信笺纸上落了一滴泪珠，陈旧而迷糊。老年人回忆中的三十年前的月亮是欢愉的，比眼前的月亮大、圆、白，然而隔着三十年后的辛苦路往回看，再好的月亮也不免带点凄凉。

　　　　　　　　　　　　选自张爱玲《金锁记》

月亮依然是那个月亮，只是换了时代，人已不是当年的人。这个被岁月过早风干的女人，怀着满身的咒怨慢慢地沉到了地狱里，归根究底，什么是真的，什么是假的？三十年来她带着黄金的枷。她用那沉重的枷角劈杀了几个人，没死的也送了半条命。

带着枷锁沉沦，有谁不是疯人。

第六章

隔世花落风不定——私语，私语

酒在肚子里，事在心里，中间总好像隔着一层，无论喝多少酒，都淹不到心里去。

——《半生缘》

宽恕你，一种原谅不堪的能力

太出色的女子其实是不适合成为母亲的。"母爱"这个词，在某种程度上已经被戴上了厚重的"牺牲"的帽子，似乎只有牺牲了自己的想要才可以成全孩子的一生，那些用自己的粗糙换来孩子的精致的女人被从古至今的道德舆论强行加冕了贞洁王冠，因为已经忘了自己是谁，此时的荣耀倒是显得饱满起来。

终其一生，谁还不是谁的附庸？张爱玲是这样，黄素琼也同样如此，但总归是母女，追求的毕生目标似乎有着相同的色彩。她们要的从来就不是权利与财富，甚至没有想过自己的名字可以惊艳后世，奔跑一生，为了自由可以抛弃所有，求一个自由，求一个可以拒绝的权利，一种可以选择的勇气。

也许我太任性，目光不会在站在顶峰的女人身上停留，却唯独对可以自我存在的女子情有独钟。武则天也不完全算作是出色的女子，有时候皇权的牵绊才是最致命的，而在自由的追求上，黄素琼可以算作一个出色的女人，但是似乎太过出色的女子都是不适合做母亲的，即使自己的女儿是张爱玲。

张爱玲对女性的要求一直高于男性，按照普通人的眼光来讲，新潮的母亲与封建的父亲相比而言，张爱玲应该更依赖于能够带自己走向"解放"的母亲，但也许就是这种过高的罗曼蒂克式的崇拜让张爱玲不自觉地向父亲靠拢。伤自己最深的人总是最不敢提及的，那是真正心痛的感觉，即使写在纸面上，自己都是不忍再看的。

惧怕寂寞的人果然是最狼狈的人，此时空落落的心境，看见自己讨厌的人竟然都有几分好感，比起毫无依存的情感，这种讨厌的情感也变得弥足珍贵，所以那种橙红色的烟雾此时变得亲切起来，父亲的鸦片气味也变得温和了。张爱玲无限崇拜自己的母亲，渴望得到母亲的肯定，那不仅是一种自信心的满足，更是安全感的需要，但不幸的是，母亲太出色、太自我，她可以去爱全世界的人，就是不舍得分出百分之一的爱去关注自己的女儿。

黄素琼对女儿的伤害完全不亚于胡兰成对张爱玲的伤害，也许爱到极致便成了恨，爱恨总是在一瞬间就翻云覆雨，母亲在弥留之际希望见到自己的女儿，女儿却冷漠地拒绝了。想必这种近乎折磨的极致亲情在此时的张爱玲眼中，她怕是再也没有勇气去碰触的了，那些深夜里不敢碰触的亲情早就变成了十年一觉的梦魇，她也是走过了半生风雨的人。

在黄素琼这里，张爱玲自始至终都在渴望一种索取的权利，难道这不是一种与生俱来的权利吗？为什么到了母亲这里就变得如此奢侈？在张爱玲的情感依恋期，黄素琼消失了四年，出色的女人甚至连时间的把握都那么恰如其分，所以在张爱玲的记忆凝固期，黄素琼又回到了女儿的身边。

烽火连城的乱世，张公馆墙里的世界是被遗忘的花园与洋房，这时的张爱玲可以谈论云片糕嚼起来是多么松软，弟弟的眼睛是多么我见犹怜。新潮的母亲请来摄影师为自己拍摄小像，张爱玲的脸上露出了久违的笑容，生平第一次有了儿童该有的天真，她真的太享受这种母爱的围绕了，多希望时间就此停留在原地。

可是贤妻良母永远和黄素琼不搭配，所以在张爱玲很小的时候，母亲先是以一位师者的身份出现了。学英文、弹钢琴等新世界的事物，母亲事无巨细地希望女儿全盘接受，那时候的母亲在女儿看来就是全世界，全世界都在那里。她希望母亲懂她，她渴望母亲欣赏她、肯定她，她太过在意女神母亲的眼神。

这种短暂的安全感再一次被无情地打破，黄素琼与张志沂不堪忍受彼此的折磨，这对金童玉女的婚姻终于走到了尽头。时间转瞬即逝，又一个十年过去了，在一个波澜不惊的夜晚，张爱玲带着满身的风雨毫不犹豫地从张公馆逃了出来。可是人生往往是梦在逐渐破碎的过程，带着希望就预示还会有更大的失望。母亲家的阳光再也不会柔和，亲情被迫成为一场考验，在考试中屡战屡败的张爱玲不敢再去奢求母亲的肯定，那种"交易"在她的心里根深蒂固。

嫉妒和不信任像是一道不长不短的河流，轻而易举就把张爱玲和黄素琼分离在了彼此的世界。在九莉眼里，蕊秋的男朋友可以组成一个联合国，母亲曾是自己心里最神圣的女神，此时却被一个一脸污秽的男人抢走了，女儿充满了嫉恨。但凡是有些姿色的女人是永远不甘于沦为一个普通的母亲的，若是自己的身边没有围绕的男人，那么自己还有什么魅力可言？

即使是把自我当成全世界的黄素琼，面对不可避免的战争，也选择了堕落，因为此时的堕落比任何事情都简单。战争的烽烟很快蔓延到了上海，物价飞涨，人心不古。认为人格独立神圣不可侵犯的黄素琼不得不意识到，这种人格独立仅仅是靠着自己不可一世的勇气，这种人格独立并没有经济力量在支撑，所以她很快挥霍了祖产，过上了堕落打牌的日子。

才女的情感需求是多于常人的，尤其是敏感脆弱、缺乏安全感的张爱玲。更多的时候，张爱玲看到的并不是母爱的多少，而是母亲认为她是否值得付出。还未成年的张爱玲是如此惶恐不安，好似自己随时要被抛弃，她甚至希望这种结果能来得早一些，因为这种等待结果的折磨早就超出了一个未成年人可以忍受的极限。

张爱玲仇母恋父的情感倾向让她把自己的内心世界分成了两半，其实她并没有过多地留恋自己的父亲，仅是一种被母爱抛弃的无奈选择。她从来没有对张志沂抱有惊天动地的希望，而对母亲则不同，在年少花未开的女儿心里，母亲就是自己的全世界。父亲的所作所为与她并没有什么关系，他是墨守成规也好，挥霍祖业也罢，这些都不重要，因为自己从来没有对父亲另眼相待过，既然没有要求，那么怎么还会有恨意呢？

黄素琼的所作所为，让幼小的张爱玲承受了无边无际的巨大失落感，仿佛落入谷底，日后所做的每一次努力都是为了填补这一次的空白。她最深爱的母亲，她最想爱的母亲，伤起她来才是最歇斯底里的。正是如此，所以她后来没有那么恨自己的父亲，父亲本就模糊的形象在自己的记忆中渐渐被强行抹去，但是母亲的影子则是静静地被她保留在了内心最不愿意让人看到的地方。也许她从来没有那么恨过父亲，因为她本就没有爱过父亲，又何来彻骨地寒心？

黄素琼是一个典型的东方美女，又不同于一般传统意义上的中国女人，她身上独有的魅力让经过她的男人都忍不住投去钦羡的目光，所以在她的世界里，男友们的存在感远远大于女儿的内心感受。她是为了报复张志沂吗？还是为了宣示自己作为新时代女性的人格主权？

张爱玲是如此在意母亲，在意到甚至不惜用一生的时间和一群男人争夺母亲，她也是如此惧怕母亲，惧怕到自己都拒绝成为母亲。

她在无人问津的夜里，偷偷地看着马桶里还有微弱呼吸的婴孩，来不及多想，按动了按钮，就让惊恐和男婴伴随着汹涌的旋涡一起消失了。

夜里的张爱玲让我忘了她还是一个女人，她怎能这样冷漠？母性的力量永远无法打动不会爱人的她，宁愿把自己交给世界，也不愿意留下一个生命，那样对她太残忍。

据说赖雅的日记中记载了张爱玲得知母亲去世的瞬间，她独自面壁，痛哭了一场，身体的健康也受到了影响。那位最勇敢的张小姐直到几个月之后才敢正视母亲的遗物，她依然深爱自己的母亲，依然心疼自己的母亲，相信傲然独立的张小姐这一生只把崇拜给了母亲。

时人评价她，说其没有感恩之心，不懂社交礼仪。其实一个没有得到正常的爱的人又怎么会具备爱人的能力？她并不是冷漠自私，她是一直想去爱的，奈何自己不会爱，不想和不会是无法混为一谈的。有谁甘心与痛苦为伍，没有人会忍心让她雪上加霜。

张爱玲太过坚强，坚强到没有勇气放弃自己的坚强。不肯原谅的人也许就是自己最在意的人，其实自己的孩子就是自己的来世，张爱玲不肯接纳自己的来世，唯一的重生机会就这样被她放走了。和母亲这种时远时近的关系赋予了母亲伤害她的权利，最大的伤害往往来自自己最在意的人——父母。如果可以，张小姐会张开温柔的双臂，给自己的童年一个大大的拥抱，原谅自己的过去，原谅曾经的不堪，因为她本就具备宽恕不堪的能力。

在情感上，她是不完整的。若真的要去怪谁，便只能怪黄素琼的过于出色。当然也不是去责问一位多么出色的母亲是怎样毁掉自己女儿半生的，你的人生只有你自己才可以毁掉。

现在我住在旧梦里，在旧梦里做着新的梦。

——《私语》

乱世遗梦，时间忘了带我走

大清日落是张志沂的成人礼，曾经母亲逼迫他学的"四书五经"就在此刻被命运撕得粉碎，万丈雄心抵不过时间被偷换的速度，他只能随着旧日清廷的暮霭一起沉下去。

作家女儿书中的人物开始随着新世界的到来换上了新装，但陌生的新装让张志沂猝不及防，张少爷开始陷入无休止的恐惧之中，年少时拥有的狂热之火以及尽展才华的梦想早就在很多年前被自己的父母洗濯干净。名臣父亲所建立的张家气场太风华荣光，父亲毕生崇拜感激的外祖父在张志沂的眼中只剩下一个背影——一个反复在戏文中被吟唱的遥远人物。张少爷不仅不崇拜外祖父，甚至有点恨外祖父，恨他为什么可以如此功震朝野，恨他为什么可以永世流传。

当所有的目光凝聚在张家少爷的身上时，张志沂不免打了一个冷战，他十分清楚自己的历史定位，无论自己如何努力，但历史就是历史，历史所产生的偶然和必然不会在他的身上再一次重演。毫无疑问，父亲张佩纶创造的佳话自己是永远无法超越的了，"攻城容易守城难"，何况此时的士大夫官吏阶层也已经江河日下。

外祖父李鸿章与父亲张佩纶都曾是春风得意的朝廷重臣，尤其是李鸿章更是见证了大清王朝是怎样一步步走向深渊的。在"清流党"最为鼎盛的时期，张佩纶塑造了一名神似包拯的青天形象，但风头太过鼎盛，结局总是可悲的。于是一位曾经令贪官污吏闻风丧胆的肱骨之臣就这样被早已可以预料到的弹劾打败了，已然是风烛残年，又有什么机会再卷土重来？雄心是不曾削减的，但是时间不会再等他了。

父亲张佩纶在郁郁寡欢中悄然离世，那位同样是落寞贵族的李家大小姐以"父亲"的身份走入了张志沂的生命里。张佩纶去世的时候，张志沂还在幼时，他对父亲的印象更多的是来自坊间正史的演绎，年幼的记忆是顾不上去辨识真假的。但是因为晚年的张佩纶已经从战马上摔下来了，在张志沂的眼中，父亲不过是一个借酒消愁、脾气时好时坏的失意臣子。

李家大小姐在未进入张府之前也是拥有男子的抱负之心的，即使自己本身并不具备什么手腕，但毕竟还是李鸿章的女儿，耳濡目染中，总不会比其他女子差得太远。但是进入张家大门后，李菊耦俨然成了一名标准的贤妻良母——安心相夫教子，在丈夫撒手人寰后，她手中唯一的救命稻草就是张志沂。张志沂是母亲的全部希望和寄托，李家大小姐把权力的失意以及丈夫去世的悲痛全部加注在了年幼的儿子身上——他不能平庸无为，他是我的儿子，身上流着李家的贵族血液。

对张志沂来说，父爱如山，压得自己好沉，心中的乌云终于渐渐散去，母亲又迎头赶上。李菊耦仿佛在儿子身上看见了当年丈夫的影子，仿佛看见了李家权倾朝野的时光，所以她不顾一切地为儿子营造最好的环境，她逼他读书，她禁锢他的灵魂和思想，甚至是出门的衣物饰品都要自己亲自挑选，张志沂几乎到了崩溃的边缘。

在李菊耦的塑造模式下，张志沂慢慢被培养成了旧时中国教育失败的典型形象。他碌碌无为，懦弱胆怯，时光的流逝让他渐渐长成一个成年男子的模样，但是却让他丢失了最宝贵的勇气和自由，张家少爷就这样堕落了，再也没有醒来。成年之后的婚姻，生命中的妻子却偏偏又是为了自由可以不顾一切的女人，在妻子的面前，学富五车的才子变得更加懦弱自卑，他开始越发脆弱不堪，那种不该有的恨意从父亲借酒消愁的那一刻穿越时空向自己袭来，他被击倒了。

也许年少时成长的环境太过安逸了，所以张志沂并没有浓烈的男尊女卑思想——妹妹可以和他据理力争，可以漂洋过海，因为往往生活得越不堪的人重男轻女的思想便越加严重。当张爱玲与张子静站在自己面前时，张志沂无疑更青睐于女儿，当然不是因为他有多爱女儿，只是眼前的这个女儿太像自己了，张志沂像李菊耦看见自己一样在张爱玲的身上看见了年少时的梦想。事实上，张爱玲真的可以让父亲骄傲。

张志沂被迫成为李菊耦的所有寄托，本就身体瘦弱的他更是被这无边的家族压力压得快要窒息了，封建遗少的习气在他的身上得以传承，成年的他也许就是幼时最讨厌的样子，本来是可以破茧成蝶的，却在即将诞生的那一刻被扼杀在了萌芽之中——可怜，可悲。

沉迷于鸦片的人可能是最空虚的人，不曾有过自我的灵魂，游荡在这空荡荡的人世间，鸦片是治疗空虚的最好良药。忘记了张少爷是何时开始对鸦片无法自拔的，总之在母亲也离开的那一瞬间，张志沂压抑多年的情绪终于畸形爆发。他终于不用再受任何的禁锢，触摸到了自由的天空，只是这时的天空已经变得不再纯粹。

中庸思想在张少爷的身上被演绎得惟妙惟肖，一生中规中矩，一生不具备敢于追求自我的勇气，本是学富五车的才子，却甘心在吞云吐雾中耗尽残生。鸦片的强力作用和风尘女子一样可以让自己精神抖擞，原来外面的世界是那么精彩，走下坡路果真是最愉快轻松的事情，把自己活得像鬼一样又如何？反正自己是张家的一家之主了。

张爱玲遗传了家族中母性的性格基因，她完成了华丽丽的人生蜕变，而弟弟张子静则是在父亲的碌碌无为中沉沦下去，不同的是，张子静再也不能像父亲一样可以有机会挥霍家族的最后一点荣光。父亲对这个张家的独子并没有倾注任何一点力量，恐怕是心有余而力不足吧，自己亦是自身难保，何况本就无所谓的儿子呢？张家的人都不会爱人吗？这到底是谁的悲哀？

在乱世风云里，新旧世界在一瞬间转换，也许一夜醒来，天空就变了。就在迟疑中，仅仅是一秒钟的迟疑，张志沂就被新世界遗忘在了"紫禁城"里。

他的一生乌云密布，存在的唯一价值就是为了衬托张家女人的无限风光，没有机会成长的张家少爷，是时间忘了带他走。

人的一生中有大大小小的等待，人渐渐忘记了自己等待的是什么。

——《更衣记》

月色太沉，我是站在巷口等你的人

记忆中的上海是云屯雾集的弄堂，大大小小的长廊，悠长而深邃。年少成名、惊鸿半生的张小姐也将由绚丽走向平淡，她不断地做着人生的减法，卸下沉重的名声包袱以及那些无法释怀的爱恋。多年未曾回到那个曾经属于张爱玲的时代，隔着太平洋听到深爱的上海，竟是"上海"，这个听起来恍若隔世的名字。

她爱中国，惦念自己的祖国。一生浸泡在传统文化气息中的张小姐怎会不知道叶落归根的命运定数，只是几十年远离故土的灵魂再次归来的时候是否还记得原来的路？她明明是一个路痴，青春年少有炎樱做自己的向导，哀乐中年有赖雅做自己的引路人，如今这些生命中曾出现并惊艳过她的人都已经如秋天的花瓣一样悉数凋零。不过不必过于忧心，因为在万籁俱寂的弄堂尽头始终站着一个瘦弱的身影，相信他此时也已经风烛残年，耗尽大半生的跌宕起伏，如梦一般的冷暖经历，没有怨念，也没有憎恶，只剩下思念。张子静守着十四平方米的房间，反复翻看那些有关张爱玲的记忆，虽然隔着遥远的星河，我们却可以欣赏同一个月亮，看见月亮就像看见你，姐姐你还好吗？

生得一副好皮囊的张子静已经年老，姐姐口中没志气的弟弟终究是一个凡夫俗子，姐姐像一朵出淤泥而不染的莲花在黄浦江的对岸傲然绽放的往事仿佛也已经是前世的记忆，姐姐周身散发出来的万丈光芒照亮了古墓一般冷寂的张公馆。家族观念深重的世家子弟对自身的延续风光有着急切的渴望，不幸的是命运之神随着祖父张佩纶的离世也已经走远，死气沉沉的张公馆里再也不会上演同样的传奇佳话，所以父亲选择堕落，而"父不爱，母不念"的张家独子竟然没有选择不堕落的权利。也许因为有了姐姐，张子静振兴家族的观念在一点点地改变，自己没有能力也没有勇气重振张家的荣光，在这风雨飘摇的年代，仅仅因为"张爱玲"这个名字就可以替自己抵挡周围指指点点的闲言碎语。这个名字足以照亮摇摇欲坠的张氏家族，"清末名臣张佩纶的孙女"这种说法已经慢慢消亡，诸如"张爱玲的祖父张佩纶"的说法将成为永恒。

张子静自小就知道姐姐的不平凡，这似乎是一种注定的命运，在姐姐的词典里，从来就没有"普通"二字。在张家的家族风气中，重男轻女的固有观念并不是家族的主题，比起张家未来的主人，张志沂更青睐于才华出众的女儿。张子静生得美丽，性情温和，他并不热衷于追求独一无二，甚至喜欢融入普通的人群中，生怕因为自己的标新立异会被其他人找出来一样。我想在张爱玲的心里，至少在早期的思想中，她对这个唯一的弟弟是有着可怜又可恨的复杂感情的，她恨弟弟去选择成为一个普通人，她又心疼本是张家独子的弟弟得不到父母亲人一丝一毫的怜爱，这本不应该是弟弟可以承受的。

无人怜悯的张子静就像一个皮球一样，被父亲、母亲和姑姑踢来踢去。没有人自出生起就是没有志气的人，子静想过改变，他也为这种改变付出了实际行动。年幼之时想和姐姐一样逃离暗无天日的张公馆，手里抱着一双不新不旧的球鞋去张茂渊的家里看望母亲，黄素琼理智得可怕，她像高高在上的法官，义正词严地宣判了儿子的命运。多年以后，历史总是惊人地相似，子静再次来到姑姑张茂渊的住处寻求姐姐的下落，门缝里传来姑姑冷冷的答复："你姐姐已经走了。"那扇门既熟悉又陌生，还透着寒光，门一关便成了两个世界，姐姐招呼都不打一声就决绝地离开了，以她的个性必是永远不会再回来的。被寒光围绕的子静该是怎样的心酸，再也忍不住便泪如雨下，成年之后的他再一次被亲人抛弃，无论孩童还是成年，他永远都是一个被人踢来踢去的皮球。

张志沂终日沉迷于鸦片，几年之后祖产就被他败光，就连自己都是泥菩萨过江自身难保，何况本就不重要的儿子。鸦片比儿子的婚姻重要，享乐比传宗接代重要，因为没有经济来源，张子静错过了自己的婚姻，此后更是再也没有过结婚的念头。至于张子静为什么终身未娶，除了经济状况之外，我想还有其他的原因。

张家女人的亲情洁癖让他畏惧女性。黄素琼是一个特立独行的新时代女性，她理智得让人不寒而栗，本就不适合成为母亲却莫名其妙地生下了两个孩子，婚姻是无法套住她的自由的，孩子更不会成为她的牵绊。黄素琼私心想着张子静毕竟是张志沂唯一的传人，即使再自私的人也是不会毁掉自己的儿子的，所以她带走了女儿，留下张子静一个人与父亲生活。谁知张志沂不但不考虑儿子的前途问题，而且连基本的"父亲意识"都不具备，所以子静被母亲弄丢了，又被父亲放弃了。

张爱玲与母亲和姑姑有着相同的洁癖，这种洁癖是畏惧世界，畏惧周围的一切，为了治好洁癖，她们都选择保持距离。对亲情也一样，帮助是情分、是恩赐，不帮也并不是冷漠自私，只是基于人的本性而已。因为周围的女性都欠缺母性的光辉，也许张子静本能地认为这就是大多数女性的本来面目，本就胆怯懦弱的他此后更是不敢追求应该有的感情。

张家女人的超凡脱俗像民国的一幅"群芳图"，生活在画卷中的小男孩自幼沐浴着她们出色的光辉。张家的几位传奇女子几乎可以融合当下所有传奇女子的生活阅历，她们太风光、太风华绝代。在张子静看来，母亲和姑姑以及姐姐的存在让其他女人黯然失色，这世上再也没有任何一个女人可以和她们相媲美。既然自己曾经在画卷中生活过，那么少一个伴侣又有什么奇怪，这样的经历足以变成一摞摞厚厚的书籍，张子静就这么枕着，都可以过得半生。

解放前，张子静曾在中央银行扬州分行工作，解放后，由于特殊时期的历史原因，他们这些旧人都要为新人让路。好在他熟悉英文，于是选择在上海浦东的黄楼中学任教，那时的上海浦东远不如现今发达，仅是一个郊区中的郊区，但张子静倒也不在意，对他这样的"旧人"来说，有一份稳定的工作让自己活下去便好。

很多人抨击张爱玲对弟弟冷血无情，身后的遗产宁愿交给好友宋淇夫妇也不肯留一分钱让弟弟渡过难关。我想那时候的张爱玲自绝于世已经很多年，她有时聪明得万中无一，有时又糊涂得像个天真的小女孩，她应该是没有想到自己的遗稿竟然在去世以后可以发挥如此大的价值的。另外我们为什么要强求张爱玲的无私，要知道张志沂和黄素琼都没有对张子静尽到一个为人父母者的责任，既然自己的父母都觉得子静无关紧要，那为什么还要强求一个姐姐的帮助呢？难道因为血亲就要把其他人的人生压在自己身上吗？况且自己也已经平淡如水多年，走在路上都会被过往的行人撞到手臂骨折，张爱玲就是这样一个人，她永远不会去麻烦其他人，当然也不希望别人来麻烦她，这是她的人生相处模式。她的做法既不违反法律也不违背道德，无论她对弟弟是怎样的态度，她都没有错，请给自己一个尊重吧，原谅了张爱玲，也就放过了自己。

张爱玲是需要追随者和倾听者的，在张公馆的儿童时期，她的倾听者就是弟弟张子静。张爱玲是不会去拒绝一个懂她的人的，虽然眼前的弟弟没有文学的天分，也从来没有强烈的作家梦，但不可否认的是，这个弟弟听得懂她的话，懂她的孤独和不甘，虽然他从来不发表看法，只是双手托着下巴静静地听着神坛上的姐姐讲述她的故事。

我曾说过张爱玲的文字太强大，强大到即使再多的罗生门都无法改变我对孙用蕃的固有印象。无论如何，张子静可以和晚年的继母和平相处，并且一起生活在十几平方米的狭小空间里很多年，也说明了母子两人都是可以容得下他人的人，当年和张爱玲发生的种种，因为太遥远亦是无法说得太清楚。只能说张子静与姐姐一样都是通透的人，子静面对姐姐的不辞而别，面对姐姐对自己的"冷血无情"，并没有自怜自哀的深重怨念，现在只剩下无边的思念。

1995 年，张爱玲在洛杉矶的一家汽车旅馆悄然离世，子静也于第二年追随姐姐而去，那是他唯一的亲人，虽然隔海相望很多年，但姐姐可望而不可及的身影总是伴着弟弟的苍凉晚年。直到两人双双离世，他们也没有见过彼此，即便是这样，我们还可以欣赏同一片月光，姐姐若是累了回来便好，那个十四平方米的小房子因为有你的存在也会变得温和起来。

　　想你，我依然心疼你，月色太沉，我是那个永远站在巷口等你的人。

对不会说话的人，衣服是一种语言，随身带着的袖珍戏剧。

——《更衣记》

隔着缱绻吹烟的长河，依然可以听见你的声音

时至今日，张爱玲周围的空气依然是稀薄的，这种不间断的冷热交替折磨着她自己和一直迷恋她的人。她是一个被低估的女作家，应该感谢夏志清先生，若非夏老的极力推崇，恐怕这位举世无双的天才就这样被生生埋葬在了"旧世界"里。我实在无法理解为什么世人要这样苛求一位已经千疮百孔的乱世女子，她的小情小爱成了他人眼中无法容忍的事物，她的"利己主义"甚至成了众人集中讨伐的战场，为什么天才就一定要被强迫把自己的笔杆子当作火枪？我们都忘了，她也只是一个小女子而已，在乱世中的追梦少年，只愿求得一世安稳。人类对天才总是有着两种自己都无法察觉的极端意识，他们总是习惯性地将天才英雄化，他们可以包容天赋异禀的人，同时也会强迫英雄化的人物走向刑场，然后仰天长呼，天空顿时落下一片樱花雨，洒满每一寸土地。

很多人都没有意识到鲁迅先生是不可以"批量生产"的，男性不同于女性，天才以个性而存在于世。对鲁迅而言，他是以一个凛然的文人战士形象直面惨淡的现实世界的，他可以将自己的勇敢全部熔铸于笔尖，用尖锐的语言武器抨击讽刺社会的黑暗腐朽。而张爱玲会把社会民生情怀用自己独有的华丽苍凉的笔调化作可念不可说的细小事物隐藏在人性的背后。鲁迅毕生追寻的是精神的觉醒，张爱玲要的是安稳的人生。鲁迅是绝望的，他可以在绝望中激烈反抗从而走出绝望，张爱玲同样是绝望的，她深陷于绝望，甚至沉醉于绝望，然后在最暗黑肮脏的泥潭里开出绝世

傲然的血饮之花。在市井中探寻最有情调的人生，在堕落中成就一个放荡不羁的匹夫。

当文字的精致与思想的深度竟然可以在文学批评的角度对立起来的时候，这恰好为大多数人的"酸葡萄心理"提供了一个很好的契机。张爱玲的文字精致华丽，她将西方文学与古典文学完美结合，自幼热爱本国传统文化的她自然拥有厚实的语言功底，而且女作家在初涉文坛的时候都是以文字的铺陈排列而取胜，由此一种自以为伟大的批评论调开始出现。

经过一代代的"张爱玲热"，张爱玲这个名字已经不仅仅是一个作家的名字，它也成为一种文化符号，一种小资情调的代名词，一种价值取向的形容语。20世纪80年代开始于港台地区的"张爱玲热"以不可预知的速度席卷整个中华大地，张爱玲作为一种文化现象迅速被民俗化、市场化，甚至消费化。"原来你也在这里"等经典语录也被市场不断地演绎，传世小说被改编成影视作品已经屡见不鲜。社会各阶层的人以不同的目的推崇张爱玲文化的普及，甚至在台湾地区的商业街上都可以买到印有张爱玲语录的饮品。只是那时候的张小姐正因跳蚤虫患不停地更换家庭住址，反复不断的牙痛加上屡治不好的皮肤病每天都在折磨着这位年近花甲的文坛女神。

喊出"出名要趁早"的张小姐已经是前生的记忆，自从选择拉黑全世界的那一刻起，所有的光荣与卑微，一切的风华绝代都被她极力压缩成一种沉默的姿态。此刻的张爱玲再也没有精力去反驳对自己不公平的言论，也不愿意理会所有的来访者，她又回到了那年逃离张公馆的黑夜，一生追求安全感，直到生命的最后一刻。原来这样冷漠孤傲的天才只是一个渴望被温情包围的小女孩，但今生是无以奢望的了，身体健康状况每况愈下的张小姐也不情愿地将希望寄托在来世的时光。

梦里无数次来到缱绻吹烟的常德公寓，当真正踏足魂牵梦绕的旧地时，才发现年光往事如流水，前尘不可追。那位"临水照花人"留下的所有痕迹均化作了墙上的一块石牌，突然被咖啡豆的香气带回到电车穿梭的时代，没有任何的伤感之情，天生具备了一种甘于平淡的恬静。

虽然不喜欢文学创作是世情民生的工具的说法，但也不能否认文学的发展历来与民生国情之间有着不可分割的客观关系。多数的现代作家均具备强烈的历史责任感与民族荣辱感，他们以历史文化背景反映人性的悲哀，张爱玲则以人性的丑恶暗示自己独有的社会世俗情怀。她的成名是莫名其妙的，甚至可以说是上帝的安排。一生未得安全感的张爱玲不仅在亲情上无家可归，在文学史上也同样无家可归。

很难想象追求浪漫情调的张爱玲在文学上恰恰是一直为小市民阶层代言的，她曾说"我喜欢反高潮，艳异的空气的制造与突然地跌落，可以觉得《传奇》里的人性呱呱啼叫起来"。与张爱玲处于同时期的作家创作的作品是带有明显的"分裂"性的，例如在人性问题的解读上他们是有些"分裂"的，他们有同情的人物，也有讽刺的对象，但故事框架中所呈现出来的人物形象是完全的两种人。而在张爱玲笔下，他们可以是一种人，例如《半生缘》中的顾曼璐，张爱玲对她的态度是模糊不清的，她痛恨顾曼璐的卑劣行径，同时也给予了她命运凄凉的同情。好人与坏人之间本就没有绝对的界限，每个人都是"比利"，这才可以构成真实的人生。

在她的世界里，女人是自私的，男人是"不靠谱"的，她可以安排一座城市的沦陷去成全一段钩心斗角的感情。在西方文学笼罩下的民国时期，她敢于公开宣称最了不起的文学作品是属于中国的，她敢于发现《金瓶梅》等清代世情小说的文学价值，并加以吸收借鉴，站在坚实的传统文学上登高眺远，俯视人生百态。在这里，爱情不再是风花雪月，爱情不再是反抗社会黑暗制度的工具，它仅仅变成了男女之间的爱情战争，一场内心博弈的情感较量，她把两性关系刻画得举世无双、所向披靡。

张爱玲无疑是现实的人，也是聪明的人，她早就知道经济独立对一个女人的重要性。在这里我再一次想起了"文学洛神"——萧红，一位在苦难中挣扎，曾以最洁白明净的文字拯救过苦难的女性的才女。她渴望独立，却走入了独立的旋涡中，她太相信身边的男性，以至于在爱情路上一错再错。前段时间，我与朋友再一次重温了许鞍华执导的电影《黄金时代》，在观影结束后，朋友以"不自重""不自爱"等词语就解读了萧红的一生，我突然感到沉甸甸的心酸。若抛开女作家的身份，萧红是一位善良的女子，她极度缺爱，所以一开始的时候是以天使的面容降临在危险重重的人间的。

"黄金时代"涌现的两位绝世才女都有着类似的经历，不同于萧红的依赖，张爱玲似乎对人性之残忍有着更加清醒的顿悟。其实曹七巧的金钱观是有些符合年少时期的张爱玲的心境的，张爱玲对金钱有着超出同龄人的敏感，她不愿意伸手向家里人要钱，她觉得那是让她无比羞辱的事情，所以成名后赚的第一桶金就是还给母亲。张爱玲在绝望中远离人群，萧红在绝望中渴望拥抱，她们的才华和期许都不允许她们接受普通人的生活。在近年来的影视作品中可以发现，萧红也是不断地被消费化，女性独立意识越发受到世人的关注，这不得不说是一种社会进步的体现。

没有倾听者的才女甚至比不上一个流落街头的乞讨者，"水仙子"需要更多人的赞美，而不是强制性的无视。对张小姐来说，无视就是对她最残忍的刑罚，所以她选择远离人群，即使隔着茫茫太平洋，即使她的"黄金时代"已经为人所淡忘，但是提起生活中的种种，就算是与她无关的事物，总是在心里拐了几个弯想起她。

爱屋及乌，因为她的存在，让我觉得民国总是"华丽唯美，缱绻吹烟"的。也许没有人像我这般爱你，相隔几十年的岁月长河，依然可以听见你的声音。

第七章

兰舟一去夕暮雨——从绚丽走向平淡的勇气

回忆这东西若是有气味的话，那就是樟脑的香，甜而稳妥，像记得分明的快乐，甜而怅惘，像忘却了的愁。

——《更衣记》

不求壮阔波澜，只愿温情以伴

迷恋张爱玲的人不约而同地将"赖雅"这个名字强行屏蔽，其实不仅是"张迷"们，就连黄素琼的眼里也容不下赖雅。经过黄素琼并且为她转身的男人不计其数，其中不乏意气风发的年轻男人，女儿的择偶几乎每次都能让她大跌眼镜。若是有错的话，恐怕是放飞自我、任性张扬的个性了，各色的男人组成强大的"后宫团"，既然自己可以不顾周围人的眼光，那么女儿选择了过气大叔也就无可厚非了。因为母女两人都深知对方的独一无二、超凡脱俗。既然如此，无论是怎样震惊世界、颠倒众生的选择都不必多说一句。

张小姐不是心智不成熟的糊涂少女，尤其是经过了前一段爱情战争的恐怖袭击，她只会对周围的人和事更加警觉。因为那句"我只是自将萎谢了"，更多人相信张爱玲此后的人生再无爱情的出现，她与那位生活拮据、放荡不羁的大叔剧作家的结合根本不存在爱情，那只是无奈地将就，既然失去了最爱，那么和谁在一起都无所谓了。

当然根据功利主义的思想来看，漂泊在异国他乡，孤苦伶仃的张爱玲需要一名引路人，她不仅仅是现实世界的路痴，同时也是幻想世界的路痴。此时同为天涯沦落人的赖雅在他应该出现的时间恰好出现了，张爱玲仿佛看到黑夜太平洋的一盏渔火，虽然是微弱不堪的，但足以温暖她冰封的心灵。张爱玲是绝顶聪明的，她只身来到未知的国度当然不仅仅是逃避，还是为了拓展她新生的领域，而赖雅刚好是一名阅历丰富的作家。可以说，无论是从生活上，还是从文学事业上，选择赖雅都是正确的。只是"贫贱夫妻百事哀"，年少时期的赖雅不食人间烟火，一生放荡不羁钟爱自由，眼看已过耳顺之年的他遇上满身风雨的张爱玲，现实因素总是绕不过去的劫。

但是可以肯定的是，无论现实生活有多残忍，张爱玲都不可能接受没有爱情的婚姻。说她无奈将就的人并不懂她，因为张小姐的世界里从来都没有"将就"二字，有多少人期待若是张爱玲选择了年轻力壮且经济实力过硬的男人就不会过得如浮草一般凄凉，但如果真的是这样，她就不是张爱玲了，张爱玲的选择每次都要震慑众人的神经，从前如此，以后也不会改变。

张爱玲选择嫁给已过耳顺之年的过气作家赖雅一直不能被迷恋她的人所接受，他们总是可以找到更高级的言论来解释张爱玲的爱情选择。胡兰成是她一生躲不过去的劫难，也是她一生都无法释怀的伤痛，既然如此，与胡兰成相似的一切都不能被她所接受，甚至她对中国的所有男人都丧失了信心，不知不觉地就靠近了异族男人。

天才总是无比相似的，与张爱玲的经历一样，赖雅也度过了一段年少成名、无限风光的时期。他在读书时期就展现出过人的文学天赋，他热衷结交好友，在任何场合都可以谈吐自然。和张爱玲一样，赖雅把自由作为最高的精神追求，一生浪漫奔放，不喜欢体制工作的束缚，为此他可以辞去麻省理工学院的工作。青春年少也曾风度翩翩，一个不折不扣的文艺理想青年，他有勇气选择自己想要的生活，虽然和女权运动家结为夫妻并生下一个女儿，但是钟情自由的心性，使他还是有勇气结束束缚他的婚姻生活。赖雅和张爱玲都是勇敢的人，也都是十分自我的人，我想每个有理想的少年都曾把精神追求作为自己日后的准则，但是随着现实生活的人性摧残，试问你的精神追求还剩下多少呢？不计后果、不问前程的选择是勇敢的尝试，赖雅做到了，就凭这一点，他就和张爱玲有着精神共鸣。谁还可以永远年轻呢，这个中年大叔曾经用自己的精神烛火温暖过张小姐心如死灰一般的心灵。既然如此深爱张小姐，那么请尊重一次她的选择，再欣赏一次她的勇敢。

初恋是最不需要智商的冲动行为，纯粹的爱情遇上纯粹的张爱玲，那时候全世界就只剩下他，好人坏人都不重要，年龄也不是距离。早就对爱情鄙陋的一面看得一清二楚的张小姐在遇上初恋的时候也是同样爱得死去活来、欲仙欲死。初恋的时候可以飞蛾扑火，在惹火烧身之后还可以站出来高喊生命是如此壮烈，初恋不需要理智，那时候自己的高超智商也降低为零。但是这一次不同了，她不再是不谙世事的少女，无论怎样故意视而不见，现实就摆在自己的眼前，两个经历半生风雨的恋人是否还可以经得起茶米油盐的平凡婚姻，一次次的考验接踵而来。

赖雅和张爱玲都是有着生活情趣的人，他们也擅长发掘这种乐趣，精神世界的浪漫情调被运用到茶米油盐的生活中也显得格外精致。张爱玲终其一生都迷醉蓝绿色，婚后六个月，他们有了自己的小家，人到中年的张小姐也不会忘记自己的喜好，她索性把整个房间都涂成蓝绿色。他们都不擅长厨艺，在某种程度上而言，不擅长厨艺还是一件很优雅的事情，因为两个人协作的劳动成果可以增加温暖的气氛。

两个天才作家都到了该给人生做减法的时候，都由绚丽走向平淡。赖雅热衷交际，所以家中不免来些友人，畏惧人类的张爱玲也学会试着接受赖雅的朋友们。张爱玲喜欢喝咖啡，赖雅可以耗费一个上午的时间用心煮出原汁原味的意大利咖啡。他们的生活经历不同，年龄差距明显，国籍人种不同，在经历了各自的大风大浪后居然可以这样细水长流、云卷云舒。对两个自我的天才来说，这样的相处模式简直是一种奇迹，若是没有爱，又怎会忍受彼此一起看潮落潮起？

"君生我未生，我生君已老"。年龄差距的问题不可忽视，上帝留给赖雅的时间一点一点在减少，婚后两个月赖雅就中风多次，后来更是跌碎了股骨。张爱玲不会有机会在丈夫身上索取更多的未来了，此时的赖雅像一个心情低落且身体衰弱的小孩子，随着年龄的增加后来更是一病不起，完全瘫痪在病床上。他越来越依赖张爱玲，年轻的时候放荡不羁，也许从未想过自己也有与床为伴的时期，对一个热爱自由的人来说，想必是十分痛苦的，赖雅宁可整天对着床边的墙壁，也不愿意再见到那些好友。

夫妻两人都是无比骄傲的人，不到万不得已是不会去麻烦其他人的，但是赖雅的病是需要钱来医治的，为了寻求更多的经济帮助，张爱玲不得不辗转于香港和美国两地。期间为了钱也写了不少不忠于内心的烂剧本，这也是没办法的事情，以文为生的人是要生存下去的。

在赖雅完全失去自理能力的时候，张爱玲已经把自己嫁给了病床，那个傲然一切的张小姐要靠烂剧本来赚生活费，最讨厌和人打交道的她不得不往来于医生和护士之间。期间也是和赖雅的女儿多次产生误会，并终其一生也没有解除误会，写文章写到眼睛出血，疲倦到下身浮肿。一生追求精致的张小姐就只剩下一个半新不旧的军用床，她要谋生，她要医治赖雅的病，追求自我的张爱玲完全可以一走了之，毕竟在美国，孝道亲情不会上升到道德的高度，但是她没有。

张爱玲表现出前所未有的侠气精神，就当这场婚姻是一次救赎行为，她要救赎给过自己温暖的人。赖雅生命的最后几年，张爱玲完全彰显了中国传统贤妻良母的侠义精神，这还是那个决绝的张小姐吗？怎么都有些不认识她了，其实很多人从来都没有看清过她，也并不懂她，"冷漠自私"的张爱玲最是有情有义。

1967 年 10 月 8 日，赖雅终于耗尽了最后一丝烟火，带着不甘和歉疚升入了理想的自由天国。张爱玲将赖雅的生命归属权交给了他和前妻生育的女儿，与床为伴的日日夜夜把自己变得像狗一样，也许赖雅去世后，她可以稍微松一口气，算是一种解脱。但是这种短暂的解脱立刻变得不可名状起来，最后一个与她生活的人都已经消失不见，此后孤苦无依的张爱玲更是进入了"修行"的阶段，她决心自绝于世，断绝和外界的一切往来，你们就当张爱玲已经死掉了，现在的张爱玲要向死而生，以另一种方式存活于世。

就像曼桢与世钧的十四年，与赖雅的这十四年婚姻也同样经历了生、离、死、别。要知道这世上并不存在真正的不婚主义者，赖雅在经历了第一段感情之后也是决定不会再走入婚姻的殿堂，对热爱自由的人来说，契约般的婚姻便是地狱。他向张爱玲发出求婚信的那一刻也是做了巨大的思想斗争的——此后的余生，我把自由都交给你。

赖雅用他的独特方式温暖了张爱玲在异国他乡的岁月，他救赎了无家可归的张爱玲；张爱玲也用她本就具备的侠女光辉救赎了赖雅如秋叶飘零般的晚年。若爱是一场救赎，我从来就不会认输。

十四年的风风雨雨没有人愿意记得，壮阔波澜的爱情神话被演绎得凄美夺目，不求壮烈波澜，只愿温情以伴。这场婚姻错了吗？错也可以错得这么美。

遇见你的时候不早也不晚，在千山万水的人海中注意到了你，只想轻轻问一句："哦，原来你也在这里。"

因为生活本身不够好的，现在我们要在生活之外另有个生活的目标。

——《中国人的宗教》

当生命趋近于零，我选择尘埃落定

翻了几页《半生缘》又觉得自己老了几年，年少时的记忆如今看来果然不值得记录在案，曾经不止一次问自己，为什么承受如此巨大侮辱的顾曼桢宁愿忍受灵魂的溃不成军也要苟活于人世？现在看来，其实人生是自己的，选择怎样的方式离开也许并不重要，重要的是一个人选择了自己想要选择的方式才是完整的收梢。所有的偶然都是必然的，发生的一切都有它的预兆，能够选择的便是人生，怯懦无为的那是命运。你是你自己的主宰，那些救赎和迫害均是过客风景，承诺是给自己的，不是为了谁。反正都要离去，何不自己选择一次，当所有的结局都变得凑巧，我喜欢那样的收梢。

顾曼桢为什么不去死？张爱玲为什么还活着？传奇的人生充满了残忍的疑问。习惯男权思想的人总是觉得女人被爱人抛弃就没有继续生存的意义，飞蛾扑火的付出换来的结局无非是"一生一世一双人"的佳话，还有让大家付之一笑的谈资。而后者中的女人就应该自寻短见，尤其对这样不可多得的旷世才女，仿佛只有她的死才可以让这段倾城之恋变得更加凄美绝艳，但她不仅仅是才女，她明明是张爱玲，张爱玲的选择永远不会让其他人猜到故事的走向，她是可以不顾一切、不计后果去追求一生所爱的，但不是为爱而活，她不是简单的女子——简单到只有爱情的女子。虽然在和胡兰成的情感博弈中输得片甲不留，但对张爱玲而言，感情不是唯一的归属。

　　她是真正独立的女子，所做的一切决定都要听从自己的内心。了解张爱玲的人的眼中恐怕只有沦陷时期的才女，漂泊在异国的她也不想被人过多地关注，尤其在第二任丈夫赖雅去世后，她更是为自己在地球上挖了一个深洞，就这样毅然决然地走进去，任凭怎样呼唤也不肯回头。

　　选择离开的方式有很多种，不能说海子的卧轨自杀就是幼稚极端的，也不能说张爱玲的平凡存世就是不惊艳绝伦的。他们在迈出这一步的时候，均是经过翻江倒海一般激烈的思想斗争的，就好像重新活了一次，只是有的人选择再一次死亡，而另一些人选择以另一种自己继续存活。天才张爱玲"去世"后，女神张爱玲开始了重生，而后的人生无论是文风笔力还是价值选择，张爱玲都更加炉火纯青。空即是有，"无招胜有招"，我感激她的抉择，让世人看到了更加完整的张爱玲。

　　事实上，她是没有必要自杀的，对一个作家而言，没有什么比读者的期待更加能够吸引她。虽然她选择远离人群、拉黑全世界，但是她的心里有读者的位置。她畏惧社交，但还是有类似宋淇夫妇、夏志清以及后来的林式同一样的知交好友——朋友不必太多，几人便足矣。

　　去世前的那几年，她已经被大陆和港台等地的学者放在神坛上讨论，民间也依然热度不减，"张迷"的数量越来越多，阔别了半个世纪之久的天才作家再一次回到了大众的视野。但是这已经不能让心静如水的张爱玲惊喜了，这一生，应该得到的殊荣她得到了，不该得到的污秽她也承受了，应该深爱的人她义无反顾了，不该去爱的人她也飞蛾扑火了。

或者换一种角度思考那些应该自杀的言论，也都是可以推翻的，有人说她晚景凄凉，活得还不如犬类，就连做饭的精力都没有，只能吃速食压缩饼干过活。其实他们忘了一个容易被忽视的问题，张小姐是不会下厨的，与穿衣打扮比起来，吃并不能让她耗费太多精力，我们可以这样思考，是不是因为她没有时间去做饭，当然用粗俗的语言来讲，她是懒惰而不愿意在吃饭上耗费时间，总之选一个说法能够安慰自己便好。

失败与伟大、光荣与污浊等所有的往事到最后都可以化作一片如羽毛一般的毛毯，轻轻地盖在她的身上，没有挣扎，没有不舍，对待死亡，她以最成熟的姿态去迎接。

住过气势宏伟的张公馆，住过小资情调的爱丁顿，住过文艺营的女生宿舍，住过家徒四壁的汽车旅馆。爱过游戏人间的薄情才子，爱过传统敦厚的影视工作者，爱过才华飞扬的戏剧作家。穿过标新立异的改良旗袍，穿过成熟内敛的风衣。吃过飞达咖啡馆旁的香肠，喝过煮糊的牛奶，品味过贵族享用的云片糕和流浪者钟爱的压缩饼干。一生中可以接受并经历最风光无限的年少时光和最惨淡平凡的寂寞的人，唯张爱玲一人而已。

最独立的女子是最尊贵的女子，她有着超出常人的冷静，离开胡兰成后她更加知道自己想要什么，应该抛弃什么。做好忍受终极寂寞的准备，谁说张爱玲以后的人生味同嚼蜡，谁说她一辈子只吊在了胡兰成这一棵歪脖树上。林徽因的唯美恋情让所有女孩子都心驰神往，那种众星捧月的姿态是很多少女的梦想，发生在她身上的一切都是美丽的，诀别时是美丽的，婚誓时是美丽的，精神出轨的时候更是美丽的。我想说的是这种恋情不会是每个人的历程，面对林徽因我们只能不断地做梦，世上只有一个林徽因而已。林徽因的恋情是故事，张爱玲的经历才是人生，再完美的人生也需要落地。

　　"虞姬，我们完了。我早就有些怀疑，为什么江东没有运粮到垓下来。过去的事多说也无益。我们现在只有一件事可做——冲出去。看这情形，我们是注定了要做被包围的困兽了，可是我们不要做被猎的，我们要做猎人。明天——啊，不，今天——今天是我最后一次行猎了。我要冲出一条血路，从汉军的军盔上面踏过去！哼，那刘邦，他以为我已经被他关进笼子里了吗？我至少还有一次畅快的围猎的机会，也许我的猎枪会刺穿他的心，像我刺穿一只贵重的紫貂一样。虞姬，披上你的波斯软甲，你得跟随我，直到最后一分钟。我们都要死在马背上。""大王，我想你是懂得我的，"虞姬低着头，用手理着项王枕边的小刀的流苏。"这是你最后一次上战场，我愿意你充分地发挥你的神威，充分地享受屠杀的快乐。我不会跟在你的背后，让你分心、顾虑我、保护我，使得江东的子弟兵讪笑你为了一个女人失去了战斗的能力。"

　　"哦，那你就留在后方，让汉军的士兵发现你，去把你献给刘邦吧！"虞姬微笑。她很迅速地把小刀抽出了鞘，只一刺，就深深地刺进了她的胸膛。项羽冲过去托住她的腰，她的手还紧紧抓着那镶金的刀柄，项羽俯下他的含泪的火一般光明的大眼睛紧紧瞅着她。她张开她的眼，然后，仿佛受不住这样强烈的阳光似的，她又合上了它们。项羽把耳朵凑到她的颤动的唇边，他听见她在说一句他所不懂的话："我比较喜欢那样的收梢。"

等她的身体渐渐冷了之后，项王把她胸脯上的刀拔了出来，在他的军衣上揩抹掉血渍。然后，咬着牙，用一种沙嗄的野猪的吼声似的声音，他喊叫："军曹，吹起画角！吩咐备马，我们要冲下山去！"

选自张爱玲《霸王别姬》

那把带给你人生伤痛的匕首最终也要被拔出去，既然明知被虐杀的结局何不为自己的生命抉择一次？很多年前就陪着"乱世佳人"虞姬走了一次吧，张爱玲当然明白人生的意义，她不会以自杀的方式"谢罪"于人民大众。不谙世事的少女曾是爱情的死刑犯，眼看身边的人一个个都被拉出去枪毙，她没有惶恐不安，也不屑于弯腰道歉，不如逃狱吧！逃出去，就是第二个张爱玲。

用平淡救赎自己的灵魂，接受并原谅自己的青春年华，看透了人生百态的张小姐自然也看得透生死，"生亦何欢，死亦何惧"？从前就喜欢波澜不惊，现在也习惯被寂寞包围，她本就是寂寞惯了的人。早就过了愤怒就高喊自杀的年龄，过了因无人欣赏就自怜自哀的年纪，骨折了也可以不去看医生，牙痛就干脆拔掉，身外之物就是要丢得彻底，她把一切都看透了！

干干净净地出走，干干净净地入住汽车旅馆，到最后干干净净地升入天堂。她完成了应该完成的人生任务，她的任何选择都该得到尊重，想要隐瞒的事情总那么清晰，千言万语都归于无语。

她比较喜欢那样的收梢，离开的时候身边无一人陪伴，那是她一直喜欢的安静。张小姐，你干得漂亮！

　　曾经迷恋自己，对自己深信不疑。当摆脱身不由己，我习惯波澜不惊。沉默可以埋葬过去，把经历化作无形，当生命趋近于零，我选择尘埃落定。

无用的女人是最最厉害的女人。

——《倾城之恋》

"黄金时代"的无情落幕

对她的天才梦,张爱玲可以说是执着了一生,尽管赖雅的健康状况就像是心中的定时炸弹,不过对写作的梦想她是从未停止过的。记得和赖雅签订婚约的时候,赖雅就曾表达过支撑家庭的无能为力,婚后夫妻两人仅仅依靠赖雅五十余元的养老金生活固然是不可能的,所以张爱玲不得不为生存而奔波,她迫切地希望此时的美国也可以像当年的上海一样让她风光显赫,其一是为了继续自己未完成的天才梦想,其二也是为了刚刚建立起来的家庭分担压力。

在此之前,张爱玲自大陆前往香港后是供职于香港美国新闻处的,因为工作与翻译有关,所以她顺理成章地翻译了海明威的《老人与海》、爱默生的《爱默生选集》、欧文的《睡谷故事》,等等。与此同时,因为某些因素作为外推力量加之该小说艺术性的高超,她的《秧歌》得以顺利出版,并在美国找到了一部分读者,这当然让张爱玲感到一种憧憬,她也曾以林语堂作为榜样,恰好此时还正处在三十几岁的青年时期,一切都还来得及。

《秧歌》虽然得到了评论家与读者的肯定,但是其深层次的内涵及其精巧的艺术性并未得到发掘,大多数人热捧《秧歌》的原因更多的是发现了小说字里行间隐约透露出来的与某些思想相违背的观念,这显然不在张爱玲的期待范围内。现实的因素就摆在眼前,生存需求是躲也躲不过的劫,在没有人与人交接的场合,充满了生命欢悦的旷世才女也不得不开始猜测美国读者的喜好,并决定迎合当下读者的期待视野。

她不断地尝试打开美国文坛的大门，所以将全身心的精力又投入下一部作品《粉泪》的创作中，因为前一部作品虽然没有一炮而红，但也算是颇有微澜。张爱玲的英文水平让人叹为观止，她驾驭英文的能力完全可以和驾驭中文的能力媲美，甚至超出了中文，以至于曾经因为国文考试不及格而未能进入上海圣约翰大学，这不仅和在香港大学的求学经历有关，当然也离不开她对知识寻求的毅力。

和当年离开上海时的心境一样，张爱玲意识到属于她的"黄金时代"已经一去不复返，这种时代远去的感觉也跟随她来到了美国。张爱玲倾注心血并抱有巨大希望的《粉泪》竟然遭到了出版方的残忍拒绝，卖文为生明明是她的全部经济来源，现在《粉泪》希望的覆灭面临的不只要忍受巨大失落感的折磨，更重要的是基本的吃喝住行都出现了问题，和赖雅组成的家庭事实上是全依靠张爱玲一个人的收入的，所以张爱玲无奈地进入了"批量生产"创作阶段。

一心渴求进入美国文坛的张爱玲经过不断地摸索却还处于游离的边缘，这让她再一次感到安全感的丧失，以往的无家可归之感又像是甩不掉的包袱日日夜夜跟随着她。两个同是天涯沦落人的天才作家需要解决吃饭的问题，此时远在香港的好友宋淇的极力推荐使得张爱玲的电影剧本得到了电懋影业的肯定，事实上，张爱玲所创作的剧本类型因为极大限度地迎合民众的喜好而在电影界十分受欢迎，她参与制作的电影几乎无一例外地成为叫好又叫座的电影。但个人认为，创作电影剧本也许并不是张爱玲的初衷，很大原因是因为经济问题，她的剧本稿费是八百美元到一千美元，这笔收入是可以支撑她和赖雅的家庭一段时间的。经济上的窘迫也导致她陷入"批量生产"剧本的死循环之中，时间紧迫，机会不多，很多剧本都是在短时间内赶工完成的。我想她是无比苦闷的，因为这些赶工作品当然不是她一生追寻的天才梦，在现实生活面前放下孤傲的姿态，她居然也有这样的一天？

更让张爱玲感到力不从心的是她与赖雅女儿的关系。"后母"这个词一直不为张爱玲所待见，早期的作品中就流露过对继母的反感，这个词曾经触动她敏感的神经，现在居然从天而降一个年龄和她所差无几的"女儿"，这简直滑稽至极。选择一段婚姻就要接受对方的生活，接受对方的过往，她要努力融入赖雅的生活里，包括他的亲人、他的好友。对张爱玲来说，生活中的经济压力与茶米油盐的琐碎她是可以勉强接受的，但是对交际，她历来是无比畏惧的，心理的警戒线一直不肯放下来，但是那又能如何呢？她已经是赖雅的太太，她要极力维护这个来之不易的精神港湾，即使是张爱玲，她也硬着头皮走入了人群中。

为了扮演好"后母"的角色，张爱玲努力卸下心理上的沉重包袱，对赖雅女儿菲丝的到来她表现出不太擅长的热情，她和赖雅一起陪着菲丝逛街，"母女"两人相处起来倒也显得很客气友善，但也仅此而已。每次菲丝到来之前，张爱玲都要"整理"一下自己的精神状态，为了赖雅，她也希望用最好的态度迎接他的女儿，但是当次数频繁之后，张爱玲明显变得力不从心，她开始以胃痛等诸多身体抱恙的理由推掉赖雅女儿的邀请，天生喜好交际的赖雅对张爱玲的避而不见不能完全理解，他对妻子的消极态度也颇有微词。繁杂的家庭琐事并不能引起张爱玲过多的关注，为写作而生的她从未停止过创作，不仅是为了生存，更是为了要继续她未完成的美国文坛梦想。她开始着手《赤地之恋》的翻译工作，此外《孝桥》《北地胭脂》等作品也在酝酿之中。

但是不得不说来到美国追梦的张小姐面对的是梦想不断破碎的过程，她不停地写，不停地投稿，但是这并不能引起美国读者的过多关注，而且她所创作的题材内容并不能够被美国读者所接受，尤其是得知《粉泪》再无出版希望的消息之后，一向内心强大的她更是大病一场，内心失落到极点。张爱玲曾以文学才华为傲，现如今竟然要面对作品无人问津的地步，这对她的精神打击可想而知，毕竟此时的张小姐落魄得就只剩下了梦想。

打开美国文坛大门的梦想破碎，与赖雅女儿的尴尬关系加上赖雅的健康状况不容乐观，这些现实的问题都像高山一样压在张爱玲的心头，虽然她是张爱玲，但到底还是个小女子，她再一次有了想逃避压抑环境的想法，除了想缓解身心俱疲的状态以外，她也想寻找新的创作方向，所以她开始计划着接下来的香港之行。

张爱玲的决定让赖雅感到恐慌，身体状况每况愈下的他越来越依赖张爱玲，他年老体弱又没有多少经济来源，这场婚姻的救赎在悄然中发生了角色的转换，赖雅现在更需要张爱玲来救赎他，张爱玲像是生在汪洋中的一棵稻草，她就是赖雅唯一的精神支柱，若是她此去再无音讯亦是无法过于苛责她，但是这种结果不是赖雅想看见的。

张爱玲对此次的香港之行也是左右为难，但是本能的"求生"

意识让她无法放下自己的决定，那么现在令她纠结不安，摆在眼前的困境就是疾病缠身的丈夫赖雅。但是"山重水复疑无路"，赖雅女儿菲丝的选择让这次香港之行成为可能，赖雅将会被安置到女儿新家的附近，这样也方便家人照料。张爱玲喜不自胜，她可以放下所有的焦虑与不安全力以赴去准备这次香港之行。1961年10月初，张爱玲购买了旧金山到台北的机票，满怀憧憬地踏上了回国之旅。她将日后的写作生涯都寄托给了香港这个她本来就十分熟悉的城市。

　　张爱玲一直在美国文坛频频受挫，所以她打算另辟蹊径，写一部美国读者真正喜欢看的作品。她是很少涉及历史方面的题材的，但是这一次台北之旅她另有打算，原来张爱玲早就构思好了下一部作品的大致方向，她会在新的作品中把张学良这样一位特殊的传奇人物拉回到读者的视野，对此她对访问张学良的事宜充满了信心。但事与愿违，张小姐这一次的决定多多少少有些幼稚了，她忽略了张学良此时的处境，因为震惊中外的西安事变发生后，张学良就被蒋介石软禁了起来。连人身自由都不具备的张学良又怎会被允许接受这样的访问呢？所以这次幻想中的会面并没有成为现实。在人世间艰难生存的人类总是可以借着奇迹的光辉营造出他人可望而不可及的梦幻，习惯了欣赏精彩的观众容易忽略背后曾经声嘶力竭的呼喊，每一次疯狂后的失败看起来是那么大惊小怪，其实残忍的真相只会留给自己看，只有自己才知道梦想被现实击碎的微弱声音。

　　虽然原定的计划被中止，但这并没有过于影响张爱玲在台北的心情，因为她惊奇地发现台北地区竟然有数量不少的"张迷"，这些人对这位传奇女子的尊敬和崇拜让她感到欣慰，原来自己不是幻灭得一无所有，她曾以为离开大陆的那一刻她的所有故事都结束了，现在看来，她不是落魄得只剩下了梦想。

比起在旧金山的生活，台北的时光还是比较放松的，所以她打算去游览一下花莲。作家王祯和在此次旅行中做了张爱玲的向导，本就生于花莲的王祯和对此地再熟悉不过了，他开始带领张爱玲游览花莲各处的名胜，带她欣赏台湾本土的少数民族舞蹈。意兴阑珊的张爱玲很久没有这样轻松了，她还打算去台湾的其他地方游览一番，但是天再一次不遂人愿，她很快就接到了来自华盛顿的信件，赖雅再一次中风，而且情况严重，来信催促她尽快结束中国之行回到美国照料赖雅。听到此消息的张爱玲犹如受到当头一棒，所有的计划都被打乱，什么都没有丈夫重要，她时刻提醒着自己作为一名妻子的责任，她决定尽快返回美国。

为了家中的经济开支，张爱玲不得不辗转于美国与香港两地。霉运接踵而至，她很快得知自己耗尽心血编写的《红楼梦》剧本因为思想内容与电影公司高层相左而被残忍搁置的消息，而且随着电懋影业的破产，好友宋淇也准备辞去工作，宋淇已是自顾不暇，而黄素琼留下来的古董也被消耗得所剩无几。张爱玲面临一连串的打击，与此同时，她与赖雅的女儿菲丝产生误解，照料赖雅的责任将全部压在她一个人的肩膀上。

高强度的工作加上赖雅的身体状况终于拖垮了张爱玲的身体，因为熬夜赶制剧本，她的眼睛开始出血，双腿大面积浮肿，而且严重的睡眠不足折磨着她的神经，她几乎快要支撑不住了。她开始带着已经失去自理能力的赖雅四处寻找工作，她不仅是一个妻子，更是一个保姆，还被迫当起了护士。家中一片死气沉沉，日日夜夜与床为伴，不同的是她再也不抱任何希望，因为她知道赖雅的身体根本不可能有恢复的机会，他的身躯已经破碎，如今也只是等着上帝唤走他的灵魂罢了。只有 47 岁的张爱玲被命运折磨得像个 74 岁的老奶奶，谁还可以呵斥她冷漠无情？她对丈夫付出了她能付出的所有，她曾是那么骄傲的女子啊！

命运无情，终究不会放过张爱玲，经过十几年的四处碰壁和病痛折磨，我想她是不会再对这个世界抱有任何憧憬了。那个属于张小姐的"黄金时代"已经成为历史，不可能再进行复制，她将斩断与世界最后的联系，除了写作，把一切化于无形。

有人说过"三大恨事"是"一恨鲥鱼多刺，二恨海棠无香"。第三件不记得了，也许因为我下意识地觉得应当是"三恨红楼梦未完"。

——《红楼梦魇》

张小姐的沧海遗珠

因为不可预测的港战，九莉忍痛放弃了进入伦敦大学的机会，她曾有过一生的功名尽付流水的无奈感叹。已经炉火纯青的张爱玲的生命与她的作品达到了惊人的统一，盛九莉的功名付诸流水用在《海上花列传》翻译稿件的不幸遗失上竟是十分贴切。

晚年的张爱玲患上了久治不愈的皮肤病，更是因为虫患不断更换家庭住址，更大的不幸降临到她的头上，因为不停地搬家从而导致了《海上花列传》翻译稿件不幸遗失，那是她辛苦几年的血泪成果，现在就这样不翼而飞了，我不敢想象那是怎样的绝望。

《海上花列传》是中国第一部方言小说，全书用江南话写成，描写了清末时期发生在十里洋场的上海滩妓院里的浮沉逸事。作为吴语文学的第一部杰作，《海上花列传》虽然不像张春帆的《九尾鱼》等类似作品那样家喻户晓，但是因为积极探寻白话文学的新方向，遂被鲁迅先生和胡适等人大力褒奖。张爱玲很少有十分崇拜的作家学者，可以让她登门拜访的人恐怕也为数不多，胡适则在其中。

提起和《海上花列传》的缘起，张爱玲曾说她桃李年华便阅读过这部作品，很多年后印象都十分深刻。她评价《海上花列传》是浓烈的，而另一部自己钟情的作品《醒世姻缘传》则是淡雅的，作为雅俗共赏的才女作家，张爱玲的考据精神也是值得肯定的。刚刚涉足美国文坛的时候，她就有了将《海上花列传》翻译成英文的想法，对翻译这部中国传统文化经典之作，张爱玲自然是有着一种传承扩散的目的的，她希望通过自己的翻译作为中西方文化相互了解的一个桥梁，最大限度地让西方读者都能发现《海上花列传》的文化魅力。

张爱玲具备很深厚的古典文学修养，她给作品取的名字都大有深意，均是来源于中国传统文化的点点滴滴。而她的大部分文学作品深受类似《海上花列传》这种章回体小说的影响，所以自然是对《海上花列传》情有独钟。将一部中国传统文化小说译成英文不是一件简单的事情，不仅要具备坚实的古典文化知识，还要具备在中英文之间自由转换的能力，更重要的是如何让西方的读者接受这部作品，张爱玲在翻译的时候还要考虑西方的文化需求。

她不单单是要将《海上花列传》译成英文，因为原作品是用江南话写成，为了方便本国的读者阅读，她还要将其翻译成人人都能接受的普通话，而这项工作的难度与译成英文不相上下。但若是将这部经典之作按部就班翻译出来的话，那她就不是张爱玲了，关于本书的思想方面，她当然不会按照主流思想走，她依然决定从擅长的人性角度分析这本《海上花列传》。

不可否认的是，张爱玲对《海上花列传》的高度评价把这部本来名不见经传的古典小说推上了文学的历史舞台。张爱玲在考据《红楼梦》的时候曾经说过《水浒传》被腰斩、《金瓶梅》被列为禁书、《红楼梦》未完成、《海上花列传》无人问津这样的话，也就是说，在她的心中已经把《海上花列传》抬高到同四大名著相一致的位置上。

张爱玲十分擅长撕开人性虚伪的一面，人性对爱情也同样显示着他们的掩耳盗铃。张爱玲追求天性解放，在她的世界里，爱情永远是生命的主题，她当然不会让自己的思想拘泥在传统的枷锁中，所以第一步要做的就是"解放"《海上花列传》。发生在花红柳绿的弄堂中的爱情往事是众人口中的妓女与嫖客之间的皮肉交易，无论是在哪种场合公开谈论这种事都是为人所不齿的，他们不敢正视自己的内心，即使对这些天然自由的事情是多么心知肚明。从传统社会中走来的人比任何人都要早熟一些，但也比成人还要幼稚许多，他们已经习惯把本就应该萌生的爱情元素赶到漆黑的屋檐下，即使再感天动地的爱情也是见不得光的，每一个后代的延续都是责任罢了，哪有什么资格谈论自己的爱情追求？

　　在评论"青楼"这个场所的时候，人们总是会不经意地露出尴尬的笑容，他们太清楚青楼这个场所的功能了。但事实上，青楼真的仅仅只是一个解决生理需求的单一场所吗？在历史长河中，青楼作为一种特殊的存在，它的价值当然不只解决生理需求，若是仅凭借这一种单一的功能是不会顽强存在几千年而没有消失的。在我看来，青楼与鸦片有着相同的功能。空虚是人类最大的敌人，精神贫乏是所有人共同惧怕的问题，所以这世上的很多人与事物几乎是因为基本需要而产生，但最后却是以娱乐的价值而存活于世并且延续至今的。

　　当然传统意义上的妓院和青楼还是有着很大区别的，前者确实是以解决人类基本问题而存在着的，而后者则不同，相比较前者而言，青楼承担着更重要的"使命"。中国古代可以看作是爱情贫乏荒芜的时代，封建思想试图遏制所有爱情的产生，所以"父母之命，媒妁之言"往往成为一种思想的"工具"，生活在其中的人类无力反抗这些规则，但是又不想在贫瘠的土壤里纠结一生。

此时，青楼的出现就在一定程度上缓解了人类的压抑和纠结。青楼渐渐成为男性理想中的温柔乡，踏足其中，他们可以暂时忘记机械化的婚姻生活带给他们的压抑，于是，一种特殊的爱情之花就在青楼里慢慢绽放了。

上海滩的交际花，十里洋场的青楼，本应该是花团锦簇、胭脂水粉般的浓烈，但到了《海上花列传》这里，却偏偏绕开了妓女的所有特征。描写不再浓烈，通篇阅过竟然平淡如水，自然平淡的笔调缓缓在泛黄的纸面上静静流淌，跌宕起伏的感情是这般静若无声。每一个享乐主义者的背后都有一个卑微的灵魂，从贵族到平民，从高官到小吏，他们与妓女之间本该发生的爱情在这里统统发生。

让人嗤之以鼻的娼妓制度无疑到处充满着对人性的压迫，但是大力批判后还能剩下什么？所幸的是，张爱玲看到了隐藏在背后的故事，谁说妓女与嫖客之间的爱情就是肮脏不堪的，谁说娼妓制度下的情感就是强人所难的。若是抛开书中男女主人公的关系，暂时忽略他们的社会身份去冷静对待的话，是可以看到其中爱情产生的痕迹的。

和吸食鸦片一样，流连青楼也是一种灵魂空虚的体现，在乱世中挣扎的痴男怨女总是擅长自导自演，面对现实的无奈，他们惧怕内心世界的崩塌，所以选择掩饰所有的一切去粉墨登场。沈小红与王莲生不过是十里洋场中最渺小的存在，他们没有什么可歌可泣的往事，只是想在乱世中求得一个安稳的普通男女。张爱玲曾经公开宣称自己为小市民阶层代言的写作者，同样地，她也会对描写小人物题材的作品情有独钟，所以韩邦庆的《海上花列传》能够得到张爱玲的慧眼识珠也就在情理之中了。

对《海上花列传》这部作品的期望，张爱玲也算是实现了她的部分愿望。虽然自现实而言，《海上花列传》的地位名气依然无法与四大名著和《金瓶梅》比肩，但是因为张爱玲的国语本《海上花列传》的出现以及她对《海上花列传》的极力推崇，还是让这部沧海遗珠走进了读者的视野，这不能不说是张爱玲对文坛做出的一次贡献。

张爱玲说过人生有三大恨事，一恨鲥鱼多刺，二恨海棠无香，三恨红楼梦未完。鲥鱼纵然鲜嫩美味，却无奈因多刺而无法尽兴品尝，此其一恨；海棠花虽然娇艳美丽，却没有迷人的芳香，此二恨也；《红楼梦》只是一篇残稿，雪芹惨淡经营，无奈八十回后已"迷失无稿"。更怒者高鹗之流又狗尾续貂，无视雪芹之血泪！《红楼梦》未完，岂不是人生之一大憾事！怅恨久之，此三恨也。

张爱玲对传统古典小说珍爱备至，前半生在写小说，后半生则在研究小说。《红楼梦》对张爱玲的成长经历有着不可忽视的重要意义，在丈夫赖雅逝世之后，张爱玲全身心地投入了《红楼梦》的考据工作中，可以说她把自己的后半生都全权交给了自己珍视一生的《红楼梦》。评价张爱玲是红学研究者中的"异数"并不为过，与大多数红学研究者研究的方向不同，张爱玲更加关注的是作者曹雪芹创作《红楼梦》的过程。她从曹雪芹的人生履历来寻找书中人物命运走向的蛛丝马迹，独一无二的张爱玲耗费十年的时间研究举世无双的曹雪芹，这是两个天才的超时空会面。张爱玲对《红楼梦》的迷恋程度可以跨越宇宙时空的距离，她预见了曹雪芹生命的所有可能，她可以听见天才文学家心碎的声音，仿佛曹雪芹就生活在她的生命里。张爱玲熟读《红楼梦》，对其中的细枝末节全然通晓，她化身作者曹雪芹，与黛玉宝钗一起经历悲欢离合，她进入书中人物所有的角色。

《红楼梦》是一座回旋曲折的迷宫，红学研究者往往要充当这座迷宫的引路者，而张爱玲在充当引路者的时候却给读者绘制了一座更大的"红楼迷宫"，不同的是，她自己却不想从迷宫里走出来。原来张爱玲不仅仅是一位写爱情战争的小说家，她还是一位实至名归的研究者，张爱玲十年考据的心血之作《红楼梦魇》在1976年出版发行，一个简简单单的"魇"字便足以证明张爱玲对《红楼梦》的珍视痴迷。

世人不乏存在张爱玲属于一流作家还是二流作家的争论，我倒是认为张爱玲既不属于一流作家也不属于二流作家，她无疑是一位天才作家。《红楼梦》产生红学，张爱玲产生张学，她的文学地位不言而喻，对张爱玲而言，张学在某种程度上能与她所钟情的红学并驾齐驱应该是对她最大的宽慰了，同时也不枉她十年一觉迷考据赢得的"红楼梦魇"名。

第八章

五内俱焚隐残缺——梦魇里的『小团圆』

　　善良的人永远是受苦的，那忧苦的重担似乎是与生俱来的，因此只有忍耐。

——《诗与胡说》

裸身凝视法场，静候五马分尸

离奔赴地狱的时间越来越近，又是子夜醒来，虽然不愿意醒来，大口呼吸寻找台灯的痕迹。墙边的灯光很是微弱，原来台灯是开着的，这屋子为什么越来越黑。不过对这种暗淡无光她倒是淡然了，古稀之年的老奶奶依然保留着不甘的勇气，写了一生的红男绿女、感情游戏。现在那些在红尘中挣扎的人物都已经死去，是到审判自己的时候了，知道你们不愿意也不忍心接受，但我总要给幻灭的青春一个最后的交代。

真正的勇士敢于直面惨淡的人生，敢于正视淋漓的鲜血，张爱玲是这样的人。若非不是强者就不敢读懂她的孤独，她是泡在冷水中的人，冷是冷惯了，疼也是疼惯了，知道周围的一切都是热情似火，但她只能保持冷若冰霜。因为《滚滚红尘》，身边的朋友总喜欢将陈平和张爱玲进行比较，陈平无疑是一个热情的人，赤着双脚行走在炙热的沙漠上也不觉得痛。在一望无际的撒哈拉沙漠里，她是一朵自由行走的花，内心纯净且乐观真诚的少女热情地书写对自然山川的无限热爱。经历过荷西的骤然长逝的痛苦挣扎，当年的很多人庆幸她熬了过来，但她后来又猝不及防地告别人间，这是所有人都没有想到过的，据说当时身在海外的张爱玲也说了一句"她怎么就死了呢？"爱情理想主义者又把这件事情的原因归结到了荷西的身上，这当然过于武断，对才女来说，感情并不是唯一的归属。每一种极端行为的背后都有一段不为人知的挣扎，可能每个自杀者的内心都偷偷建造了人间炼狱。书中的

陈平永远展现了对生活高度的热情，在我的理解里她更多的是一位幻想型少女，她怕心里那个多年前就已经竣工的人间炼狱，她极力营造天然纯净的世界，但最终却发现再华丽的美梦总有醒来的一天，她的理智已经不足以维系她崩塌的世界，努力了这么多年，依然没有骗过自己。

张爱玲本就是一个活在古墓里的人，生活已经残破不堪，生来就发现自己在枯井的最底下，即使再大的苦难又能如何？已经降到了底层，无论世界以怎样的速度崩塌，她还是撑得过去的。她不仅撑到了终点，还要用最后一丝力气表达爱情的百转千回，幻灭了之后还能留下什么。现在就把自己套上刑具，押送到法场里，请枪毙我七天七夜，五马分尸的方式也不够彻底，那就赐我一把锋利的刀，我是最了解自己的人，在身体的任何一个部位砍一下，都可以刀刀见血。这血溅在围观群众的衣服上竟是这般酣畅淋漓。

第一次阅读《小团圆》是因为新闻媒体上那些狂轰滥炸的宣传，什么张爱玲遗作首次问世，什么自传性小说之类的宣传语，那时候还不是十分迷恋张爱玲，于是跟风买了港版本的《小团圆》。阅读之前已经将书中人物对号入座，知道盛九莉就是张爱玲，也知道邵之雍也许就是胡兰成，那些了解不了解的人物在本书中悉数登场。翻了几次就仿佛看到张爱玲把自己脱得一丝不挂傻傻地站在众人眼前，不停地在千军万马中裸奔，她对自己怎么可以下手这么狠？就这样赤身裸体地给世人看，难道借着主人公盛九莉的虚拟外衣就可以肆无忌惮？就可以毫不留情地把自己生吞活剥？

如今感叹读懂已非昨日少年，一个离群索居多年的老奶奶在昏黄的灯光下整理着自己曾经的故事，那好像是别人的故事。她知道当年悄无声息地离开大陆会留下太多的疑问，她离开了之后，她所在的时空仿佛出现一个陨石坑，无论怎样都要填上这个黑洞。没有为什么，因为她是张爱玲，总要给青春的弯路一个交代，她最后勇敢了一次，把一个完整的张小姐交给了大众。

我想张爱玲生命的最后几年最悲苦的事情就是她所出现的任何地方都要打上胡兰成的标签，胡兰成在《今生今世》中把张爱玲描写成了一朵圣洁的白莲花，极力渲染他们好像至死不渝的感情是多么"惊天地泣鬼神"，最无奈的可能就是他笔下的张爱玲终其一生都没有走出这段感情的阴影。胡兰成构建了一个理想世界，他以张爱玲的"自将萎谢"把自己的伟岸发挥到了登峰造极的地步，在晚年更是以学者的身份出现在一群文艺女青年当中，一些文艺女青年更是不知不觉中以张爱玲自居，好像要与胡兰成继续谱写这段未完成的旷世情缘一般。

与《今生今世》不同的是，邵之雍只是整段故事中的一个小插曲，张爱玲把大量的文字都奉献给了童年时光，这好像也在向"无赖人"宣示不要再继续自作多情，你也只是我的过路风景。其实不仅仅是邵之雍，她把参与她人生的人几乎都描写得面目全非。盛九莉不断以残花败柳自喻，凄婉绝伦的恋情中的男主角邵之雍也不过是个插曲，世人普遍认为温实敦厚的燕山居然是一个自私怯懦的投机男人，而在电车上企图轻薄九莉的荀桦更是彻彻底底地让所有人都大跌眼镜。蕊秋与楚娣之间"说不清、道不明"的暧昧情愫以及九林与继母之间"剪不断、理还乱"的畸形迷离。看过此书的人心中充满了相同的感叹：原来她是这样的人。

张小姐真的是一个言出必行的人，自向胡兰成寄出分手信的那一刻，她是真的不再爱了，胡兰成的《今生今世》出版之后便毕恭毕敬地寄给了张爱玲，内心毫无波澜的她也不过是陪着周围的人演了一场戏而已，她静静地欣赏着一个自我崇拜主义者的独自狂欢。胡兰成言语之间流露出张爱玲一生未能释怀与他的婚姻的暗示，但依我看一生未能走出这场婚姻的并不是张爱玲，根据《小团圆》的描写，一生未能从自我幻想王国中走出来的人恰恰是胡兰成。

面对"无赖人"的大肆宣扬，张爱玲依然选择沉默，她并不想去和胡兰成辩解什么，因为她加入这种论调的氛围才是胡兰成所希望的，张小姐绝顶聪明，胡兰成能想到的，她也一定想得到。想必男人都是自恋的生物，他们总是期待着与过往恋人们的江湖重逢挑战，尤其是曾经被自己抛弃的恋人，他们总是偏执地认为那些傻女人一直念着自己，真是女人有多愚蠢，男人就有多下作。

难道这样傲气的女子面对自己被人无端消费就会置之不理吗？当然不是这样，张爱玲有她独特的方式，她历来擅长以沉默对抗热烈，于是决定通过小说的方式记录自己的一生。胡兰成把这些脂粉轶事写得这样彬彬有礼、山风浩荡，不了解的人是真的会被这样的文字所吸引的。既然你和风细雨，那么请恕我丑态百出，什么"临水照花人"，我盛九莉就是一个残花败柳，朱天心不是说我简直把自己赶进了猪圈吗？不，我觉得那样的方式依然不够彻底，我下地狱，不仅我自己慷慨赴死，我也要拉着你一起下地狱！请不要再自作多情，不是偏要两个人捆绑在一起才能过一生，你对生命里出现的每个女孩子说的词语都不屑更换，给你当头一棒，醒醒吧，你虚伪得连自己都相信了。

　　回忆总是不好的，心酸的是曾经快乐的事情已经不存在了，而那些不好的事情想起来还是伤心。经过不断地演绎推理，这两个人的往事已经成了众人比较的资本，在恋爱中的双方无论谁败下阵来都可以用他们的事情作为解释——女人再愚蠢都想着幸好前任不是胡兰成，而男人即使取得胜利也会感叹幸好前任不是张爱玲，真真作孽。

　　最完美的离开其实便是两不相欠，邵之雍确实以自己的方式陪九莉度过了一段难忘的时光，但是九莉面对他的出轨并未表现出自己有多么暴跳如雷，她会给他寄钱，这已经在表示对他的偿还，她对他仁至义尽，你以为我念念不忘，其实我尊贵如往常。

　　她对童年的回忆是那么深刻清晰，对乃德的同情，对蕊秋的失望，也许她太想念九林，或者说她嫉妒九林可以和乃德的继室夫人和平相处，所以不知不觉扭曲了他们母子之间的感情。盛家的冰冷代代相传，在《小团圆》中哪里看得见那是她的亲人？竟不如一个旁观者来得真实，所有的男性都是自作多情，所有的女性都是竞争对手。小姑子楚娣爱慕嫂子蕊秋，楚娣的异性朋友心属九莉，蕊秋的外国医生男朋友也意在九莉，蕊秋与楚娣谈论九莉的身材，犀利的眼光是在审视自己的亲人吗？那似乎更像是两个女人对情敌的指指点点。

　　张爱玲好像在书中扮演了一个法官的角色，她义正词严地对每个人进行了宣判。真是"小团圆"，所有的人均登上法场，所有的人都被扒了皮。倾城之恋不是花好月圆，真相往往让人无法接受，我曾在泥潭中芙蓉出水，疾风一过也只剩下残片被水冲走。

一个五内俱焚的女子偏偏要把自己铸成钢铁，我这一生绝不是惹人怜爱的小女子。

这只是一本简单的回忆录而已，一个老奶奶对自己人生的整理，若你真的爱她，她的每一段故事都是绽放，若你真的懂她，就请用宽容之心原谅她。真的勇士敢于直面惨淡的人生，不做戏中人，她最后真的是跳了出来，张爱玲给世界，同时也给自己做了一个完整的交代。

这一次，我想把一切都放下。

回忆永远是惆怅的。愉快得使人觉得：可惜已经完了，不愉快的想起来还是伤心。

——《自己的文章》

若叫眼底无离恨，不许人间见团圆

经历了《小团圆》的玉石俱焚后是不是心也随书中的人物死了一次？张爱玲一生未能释怀的往事当然不是与胡兰成的无疾而终，而是与卞蕊秋（疑似原型：黄素琼）之间难以言说的复杂情感，可以说九莉一直未能走出蕊秋的精神旋涡。说到蕊秋就必须要了解她的前世今生，现在不妨对《小团圆》进行一次历史的大起底，也来翻一翻盛家与卞家的陈年旧账，下面就请允许我做一次不太彻底的"清算"。

在做《小团圆》人物关系整理之前，先来看一下书中人物与历史原型之间的对照：

书中人物	疑似历史原型
盛九莉（本书的灵魂人物，出身名门的上海女作家）	张爱玲
卞蕊秋（盛九莉的生母，因将九莉过继给伯父，故书中称"二婶"）	黄素琼（黄逸梵）
盛楚娣（盛九莉的三姑）	张茂渊
邵之雍（盛九莉前夫，风流文人）	胡兰成
燕山（电影工作者，盛九莉的情人）	导演桑弧
汝狄（盛九莉的美国丈夫）	美国剧作家赖雅
比比（盛九莉的闺中密友）	炎樱

乃德（盛九莉的生父，书中称其为"二叔"）	张志沂
小康（邵之雍的情人）	胡兰成的情人周训德
辛巧玉（邵之雍的情人）	胡兰成的情人范秀美
汤孤鹜（鸳鸯蝴蝶派作家）	周瘦鹃
云志（盛九莉舅舅）	张爱玲的舅舅黄定柱
绪哥哥（楚娣的侄子，楚娣的初恋情人）	李经述长子李国杰与张氏所生之子
文姬（杂志女编辑）	作家苏青
荀桦（杂志男编辑）	柯灵
韩妈（盛家的女佣）	张爱玲的用人何干
荒木（日军顾问）	胡兰成的好友池田
向璟（文人）	邵洵美
老太太	李鸿章之女李菊耦
翠华（乃德的第二任妻子）	孙用蕃
二大爷（书中称十一爷）	张人骏（曾任职山西巡抚、河南巡抚等）
天津十三爷	张志潭（北洋政府交通总长）
书中竺家	李鸿章家族
书中盛家	张佩纶家族
书中卞家	黄翼升（清末长江七省水师提督）家族
书中耿家	孙宝琦（北洋军阀时期国务总理）家族

首先，先来理一下李鸿章家族的人物关系，李鸿章膝下共有六子，包括原配夫人周氏所生的李经毓（夭折），六弟过继之子李经方、次子李经述（承袭李鸿章爵位）、三子李经迈以及早夭的李经儒。生女二人，分别是李菊耦（张爱玲的祖母）与李经溥。

为了清晰简洁，结合《小团圆》中的人物关系，下面用图示的方式进行表达：

（李经述与李菊耦为兄妹）

李经述（李鸿章次子）	李菊耦（李鸿章长女）
长子：李国杰（书中表大爷）	长子：张志潜
次子：李国燕	次子：张志沂（盛九莉的父亲乃德）
三子：李国煦	女儿：张茂渊（三姑楚娣）
四子：李国熊	

其次，来理一下《小团圆》中的大小事件，根据书中的故事情节以及真实的历史进行对照，按照时间顺序与书中发生的情节依次对应。

1915年-1921年，张志沂与黄素琼结为夫妻，期间黄素琼生下长女张爱玲与长子张子静。

1923年，张家辗转于上海与天津两地，因为张志沂与兄长张志潜共同生活感到压力和束缚，为了摆脱管制，张家迁至天津。

1924年，黄素琼与张茂渊出国游学，张爱玲与母亲分离。

1928年，张志沂因生活放荡影响仕途，于是全家搬回上海，同年黄素琼返回国内。

1930 年，黄素琼与张志沂解除婚姻，黄素琼二度出国。

1934 年，张志沂与孙用蕃结为夫妻。

1936 年，黄素琼再次回到上海。

1937 年，张爱玲被张志沂家暴并囚禁。

1938 年，张爱玲逃离张公馆，投奔黄素琼。

1939 年，张爱玲赴香港求学。

1942 年，张爱玲因港战返回上海。

1943 年－1944 年，张爱玲陆续发表文学作品，开始在文坛崭露头角，并与胡兰成渐生情愫。

1946 年，张爱玲与胡兰成缘尽，并与某导演发生微妙的感情。

1952 年，张爱玲以继续完成学业为名离开大陆。

1955 年，张爱玲由香港前往美国。

1956 年，张爱玲与美国剧作家赖雅结为夫妻。

以上便是《小团圆》中的主体内容，由此可以看出该书的自传性并没有争议，书中出现的人物与真实历史出现的人物高度吻合。现在将目光重新聚焦到蕊秋身上，不难发现，蕊秋的形象几乎贯穿全书各个章节，现在通过几个片段分析一下九莉对母亲蕊秋的感情。

《小团圆》最后一章写道："她从来不想要孩子，也许一部分原因也是觉得她如果有小孩，一定会对她坏，替她母亲报仇。"记得张爱玲说过她与母亲在学校门前分别的场景，张爱玲猜测母亲的心理活动说"现在的年轻人心真狠啊"，她太渴望母亲世俗的爱意，仿佛中了弗洛伊德的精神诅咒，但对母亲只是越来越辽远陌生。

九莉现在画小人，画中唯一的成人永远像蕊秋。纤瘦，尖脸，铅笔画的八字眉，眼睛像地平线上的太阳，射出的光芒是睫毛。那年才九岁。去了几个部门之后出来，站在街边等着过马路。蕊秋正说："跟着我走：要当心，两头都看了没车子——"忽然来了个空隙，正要走，又踌躇了一下，仿佛觉得有牵着她手的必要，一咬牙，方才抓住她的手。

她替九莉把额前的头发梳成却尔斯王子的横云度岭式。直头发不持久，回到学校里早已塌下来了，她舍不得去碰它，由它在眼前披拂，微风一样轻柔。

她给母亲买花：

"我给二婶的，"她递给蕊秋。蕊秋卸去白纸绿纸卷，露出花蒂，原来这朵花太沉重，蒂子断了，用根铁丝支撑着。"不要紧，插在水里还可以开好些天。"蕊秋的声音意外地柔和。她亲自去拿一只大玻璃杯装了水插花，搁在她床头桌上。花居然开了一两个星期才谢。

她收集母亲对自己不经意的夸奖：

九莉有次洗澡，刚巧她们俩都在浴室里，正有点窘，楚娣不由得扑哧一笑道："细高细高的——！"蕊秋说："美术俱乐部也有这种模特儿。"九莉是第一次听见她母亲卫护的口吻，竭力不露出喜色来。

"踟蹰""本能""咬牙"几个普通的词语看得我声泪俱下。黄素琼是如何有魅力不用多谈，仅仅知道小姑子楚娣（张茂渊）都对其产生爱慕之情，她的光芒就可见一斑，要知道所有的女人都是同行，人性是善嫉的，若是能为同性所倾倒，其万里挑一的程度就可想而知了。

在面对黄素琼的时候，也许张志沂是极度自卑的，他当然爱慕自己的妻子，同时也有自身光芒被掩盖的苦闷，他既自卑又恐慌，他的安全感一点一点地消失不见，好像随时有一种妻子远走高飞的错觉。张爱玲和父亲一样崇拜黄素琼，母亲的美貌是让学生时代的张爱玲无比骄傲的事情，母亲来学校看望她的时候，她还为学校无人见到母亲的美貌而怅然若失。张爱玲崇拜母亲、迷恋母亲，越在乎母亲就越不敢表达爱意，越渴望母爱就越小心翼翼。直到母亲带给她无限的幻灭之后，那种爱更是一点点地不在了。

《小团圆》中的九莉更是比现实中的张爱玲还要辛苦，蕊秋的情人穿插于书中的大小段落，九莉争不过这些优质男人只能选择假装不在意并且练就了一身自我欺骗的能力。现在就来整理一下九莉的"情敌"——蕊秋的情人们。

范斯坦医生	九莉病重时免费为她看病的医生(后据楚娣所言，范斯坦医生意在九莉)
布丹军官	法国大佐，书中说其与蕊秋约会并一起喝下午茶
诚大侄子	家族中的一个小辈
马寿	英国教员（不同意蕊秋为九莉及其他人付出，后来与别人结婚）
意大利人	家中教授唱歌的外国人

劳以德	英国商人，比蕊秋年龄小
英国军官	向香港当局举报蕊秋是间谍
雷克	香港大学病理学教授
毕大使	曾帮九莉办理护照
简炜	蕊秋比较在意的情人，还曾为其堕胎
菲力	蕊秋回国后两人依然保持联系，后渐渐疏离
麻风病医院的英国医生	在马来西亚曾与蕊秋在一起

可想而知，九莉与形形色色的男人们争夺蕊秋时的无能为力，前面已经对母女两人的关系做了解读，此处不再多言。因身边材料有限，故无法对《小团圆》的"陈年旧账"做一次彻底地"清算"，读过此书的人普遍反映书中人物关系的混乱纷杂，现在对人物关系做一个不太彻底的整理，希望有益。

《小团圆》自2009年问世以来，便受到社会各界的广泛关注，评论者研究的是本书的创作手法及思想内涵等，围观群众更多的是满足自己对张小姐的好奇心理。无论如何，在《小团圆》中看得见张爱玲对中国语言文字的超凡驾驭能力，书中不乏看见古典文学《红楼梦》与《金瓶梅》的蛛丝马迹，类似于意识流的时空转换写作手法无不体现了张小姐文学造诣的炉火纯青。

若叫眼底无离恨，不许人间见团圆，十几万字的作品好似把时间都拉长了几个世纪，她真的是一座孤岛，还未成熟，就已经苍老。

照片这东西不过是生命的碎壳；纷纷的岁月已过去，瓜子仁一粒粒咽了下去，滋味各人自己知道，留给大家看的唯有那满地狼藉的黑白的瓜子壳。

——《连环套》

你所有的渴望都是天经地义

最深知的材料就是最好的资料，每位作家终有一天都会记录一下自己的真实生活，张爱玲对她笔下的人物从来都是冷眼刻薄，直到她决定刻画自己的时候，当然也不会手软。她在1976年4月4日寄给宋淇的信中写道："我写《小团圆》并不是为了发泄出气，我一直认为最好的材料就是你最深知的材料，但是为了国家主义的制裁，一直无法写。"但到底是张小姐，面对人生她从来不会认输，即使数次搁浅，她还是有勇气把《小团圆》写了出来。

这一次，她决定把一切都放下，这一次也许就是最后一次——她的终极作品，所以她会把所有都坦诚相见。起初阅读《小团圆》的读者对其中露骨的性描写表示不忍直视，因为那些文字太过真实，简直就是张爱玲自己的亲身体验，"张迷"们有些无法接受张爱玲在书中大跳脱衣舞，好像要与全世界同归于尽一般。有评论称《小团圆》中的性描写并不出格，而且共享男人也算是有情。《小团圆》中几乎每一章都能看到"性"的影子，对早慧的张爱玲而言，"性"是不能绕开的话题，作为天才女作家，她对性的刻画也十分老道绝伦，这一次我也与她的读者坦诚相见，请原谅我揭开盛九莉最私密的面纱。

其实在《小团圆》之前，张爱玲对性的描写是比较少的，即使尺度极大的《色·戒》也是行文暧昧含蓄。而对《小团圆》来说，她的笔力就开始"直见性命"，其中涉及盛九莉与邵之雍的片段更是明目张胆、毫不留情，大有"玉石俱焚"之势。但是张爱玲对性的刻画还是有别于其他作家的，书中的性片段虽然略显不冷静，但还是与"俗"有着本质的区别的，《小团圆》中的描写显得更加明净纯粹，张爱玲这次是"俗"了一些，但是俗得如此精致、俗得如此张扬的，恐怕也就只有她了。

有天晚上他临走，她站起来送他出去，他揿灭了烟蒂，双手按在她手臂上笑道："眼镜拿掉它好不好？"她笑着摘下眼镜。他一吻她，一阵强有力的痉挛在他胳膊上流下去，可以感觉到他袖子里的手臂很粗。九莉想道："这个人是真爱我的。"但是一只方方舌尖立刻伸到她嘴里，一个干燥的软木塞，因为话说多了口干。他马上觉得她的反感，也就微笑着放了手。

盛九莉是一个冷漠孤傲并且有着精神洁癖的女子，她对周围的一切都有着高度的戒心，这段文字中的"摘掉眼镜"在某种程度上而言便等于放下了警戒之心，甚至是"脱掉衣服"，说明九莉对邵之雍的防备开始松懈，但是面对如此陌生的突如其来，九莉还是表现得"不解风情"，邵之雍明显是感觉到的，所以本书的第一吻到此戛然而止。

他送了她几本日本版画，坐在她旁边一块看画册，看完了又拉着她的手看。

她忽然注意到她孔雀蓝喇叭袖里的手腕十分瘦削。见他也在看，不禁自卫地说："其实我平常不是这么瘦。"

他略怔了怔，方道："是为了我吗？"

她红了脸低下头去，立刻想起旧小说里那句滥调："怎么样也是抬不起头来，有千斤重。"也是抬不起头来，是真的还是在演戏？

他注视了她一会儿之后吻她。两只孔雀蓝袍袖软弱地溜上他肩膀，围在他颈项上。

"你仿佛很有经验。"

九莉笑道："电影上看来的。"

这次与此后他都是像电影上一样只吻嘴唇。

他揽着她坐在他膝盖上，脸贴着脸，他的眼睛在她面颊旁边亮晶晶的像个钻石耳坠子。

他们在沙发上拥抱着，门框上站着一只木雕的鸟。对掩着的黄褐色双扉与墙平齐，上面又没有门楣之类，怎么有空地可以站一只尺来高的鸟？但是她背对着门也知道它是立体的，不是平面的画在墙上的。雕刻得非常原始，也没加油漆，是远祖祀奉的偶像？它在看着她。她随时可以站起来走开。

他作势一把捉住她，两人都笑了。他忘了手指上夹着香烟，发现他烫了她的手臂一下，轻声笑着叫了声"哎哟"。

他吻她，她像蜡烛上的火苗，一阵风吹着往后一飘，倒折过去。但是那热风也是烛焰，热烘烘的贴上来。

"是真的吗？"她说。

"是真的，两个人都是真的。"

依偎着，她又想念他遥坐的半侧面，忽道："我好像只喜欢

你某一个角度。"

　　之雍脸色动了一动，因为她的确有时候忽然意兴阑珊起来。但是他眼睛里随即有轻蔑的神气，俯身揿灭了香烟，微笑道："你十分爱我，我也十分知道，"别过头来吻她，像山的阴影，黑下来的天，直罩下来，额前垂着一绺子头发。他讲几句话又心不在焉地别过头来吻她一下，像只小兽在溪边顾盼着，时而低下头去啜口水。

　　这几段文字中，盛九莉开始完成了角色的转换，由一个被动者转变成为主动者，她会试着主动碰触邵之雍，盛九莉的心理防线进一步松懈，开始进入半梦半醒的迷离阶段。

　　晚饭后她洗完了碗回到客室的时候，他迎上来吻她，她直溜下去跪在他跟前抱着他的腿，脸贴在他腿上。他有点窘，笑着双手拉她起来，就势把她高举在空中，笑道："崇拜自己的老婆——"

　　我一度认为这个片段是全书最梦幻的时光，想必这是九莉从未有过的温暖，在原生家庭中未曾感受过的亲情在此刻变得真实起来，九莉不想去考虑明天，她太沉醉其中，仿佛自己的心愿意和周围的一切一起沉下去。房间内的灯光开始变得不清晰，窗外的一切更是模糊起来，是不是儿时在天津的橙红色时光再一次回到身边，每次和之雍在一起的下午都能让她想到多年前在父亲书房的下午吧。我想人世间最唯美的事情也不过如此，更何况这是在乱世。

　　她的腿倒不瘦，袜子上端露出的一块更白腻。

　　他抚摸着这块腿。"这样好的人，可以让我这样亲近。"

　　微风中棕榈叶的手指。沙滩上的潮水，一道蜿蜒的白线往上爬，又往后退，几乎是静止的。她要它永远继续下去，让她在这金色的永生里再沉浸一会儿。

　　有一天又是这样坐在他身上，忽然有什么东西在座下鞭打她。她无法相信——狮子老虎掸苍蝇的尾巴、包着绒布的警棍。看过的两本淫书上也没有，而且一时也联系不起来。应当立刻笑着跳起来，不予理会。但是还没想到这一着，已经不打了。她也没马上从他膝盖上溜下来，那太明显。

　　木阑干的床不大，珠罗纱帐子灰白色，有灰尘的气味。褥单似乎是新换的。她有点害怕，到了这里像做了俘虏一样。他解衣上床也像有点不好意思。

　　但是不疼了，平常她总叫他不要关灯，"因为我要看见你的脸，不然不知道是什么人。"

　　他微红的微笑的脸俯向她，是苦海里长着的一朵赤金莲花。

　　"怎么今天不痛了？因为是你的生日？"他说。

　　他眼睛里闪着兴奋的光，像鱼摆尾一样在她里面荡漾了一下，望着她一笑。

　　他忽然退出，爬到脚头去。

　　"哎，你在做什么？"她恐惧地笑着问。他的头发拂在她大腿上，毛茸茸的不知道什么野兽的头。

　　兽在幽暗的岩洞里的一线黄泉就饮，泊泊地用舌头卷起来。她是洞口倒挂着的蝙蝠，深山中藏匿的遗民，被侵犯了，被发现了，无助，无告的，有只动物在小口小口地啜着她的核心。暴露的恐怖糅合在难忍的愿望里：要他回来，马上回来——回到她的怀抱里，回到她眼底。

　　这无疑是书中最大胆露骨的描写，故事里的九莉欲仙欲死，故事外的我竟忍不住泪如泉涌，张爱玲的性描写功底在此处达到巅峰。不知道此时已经年过七十的张小姐在回忆此种片段的时候是怎样的内心感受，她面对自己的身体的时候自然是无所畏惧，这意乱情迷的描写竟感受不到一丝丝的欢悦，而是一阵阵的寒风刺骨。隐约地感受到这种不计明天的忘情挚爱是终有陷落的一天的，而经过梦幻的欢娱又覆灭的感情就更加凄凉无奈。邵之雍的身体与心灵是一分为二的，他的本性以及他的野心本就注定了身心无法结合，他可以用心灵去爱几个情人，也会用身体去回忆很多女子。但九莉不同，她无法割裂身体与心灵的联系，在这场感情较量中，她的身心达到忘情的高峰，她是无法欺骗自己所以做出最诚实的反应的，那一刻对九莉而言便是永恒。我读到此处是心疼九莉，哪有什么忘我欢悦，分明是肝肠寸断，可怜她就这样下了地狱。

　　他笑着坐起来点上根香烟。

　　"今天无论如何要搞好它。"

他不断地吻着她，让她放心。

越发荒唐可笑了，一只黄泥坛子有节奏地撞击。

"哎，不行的，办不到的，"她想笑着说，但是知道说也是白说。

泥坛子机械性地一下一下撞上来，没完。绑在刑具上把她往两边拉，两边有人很耐心地死命拖拉着，想硬把一个人活活扯成两半。

还在撞，还在拉，没完。突然一口气往上堵着，她差点呕吐出来。

他注意地看了看她的脸，仿佛看她断了气没有。

果不其然，九莉和之雍的感情开始按照抛物线的走向由高潮转向低落，九莉不再投入其中，那种机械化的生理需求让她感到无比恶心。两人不再有任何唯美温存，竟有一种妓女和嫖客的错觉，此后九莉更是厌恶不已，甚至想到了杀人的凶器。对女子而言，她们因爱而性，爱情幻灭之后，即使再独一无二的性也是不会再换起她的欢悦的，只有说不尽的侮辱和心酸。

所爱之人每显得比实际有深度，看对方如水面的阳光般闪闪发光，增加了深度——也许别人真有深度。但不爱时，则一切都以心理学简化方式对待。这些文字太真实，让人不知不觉联想到张爱玲与胡兰成的往事，不过这些描写无论怎样明目张胆也是无可厚非，这些是属于张爱玲的隐私也是她难以忘怀的记忆。她想写她最深知的材料，最后一次她要诚实，当然也包括对身体的诚实，当然不是泄愤，更不是哗众取宠，她要给自己的生命补上一个缺，这才是完整的张爱玲。

　　我们都是被压抑很久的人，我们的悔恨和绝望重于泰山，张小姐，我要告诉你，你的所有渴望都是天经地义。

附录：

追忆张小姐的似水年华

年份	事件
1921 年	出生于上海
1937 年	毕业于圣玛利亚女校
1939 年	进入香港大学，发表《天才梦》
1942 年	因港战返回上海
1943 年	陆续在《二十世纪》《万象》《紫罗兰》《天地》《杂志》《古今》等杂志发表文章
1944 年	《传奇》问世，与胡兰成结婚
1945 年	《流言》问世
1946 年	与胡兰成分手
1947 年	《太太万岁》上映
1950 年 -1952 年	《半生缘》发表，并赴香港就职于美国新闻处
1954 年	《赤地之恋》与《秧歌》问世
1955 年	前往美国
1956 年	与赖雅结婚
1957 年	《五四遗事》问世
1958 年	在南加州亨享屯·哈特福基金会
1961 年 -1965 年	为电懋影业公司创作剧本
1967 年	赖雅逝世
1970 年	供职于伯克莱加州大学中国研究中心
1973 年	前往洛杉矶
1977 年	《红楼梦魇》出版
1979 年 -1992 年	《色·戒》《海上花列传》《惘然记》《余韵》《续集》相继出版问世
1995 年	在美国洛杉矶与世长辞

后记

读懂已非昨日少年

对要执笔关于张爱玲的文字的决定，我自己也是十分震惊，我不知道是哪里来的勇气，只当是年少轻狂，只当是为梦一场。回忆一段不计明天的感情，书写一次义无反顾的狂想，体验一次张爱玲与生俱来的勇敢，欣赏一种独一无二的才情。

很多人苦言相劝，他们说以我的年纪和经历是无法驾驭关于张爱玲的文字的，她太悲观，这对本就悲观的我来说并不适合。关于《愿你所有孤独，都光芒万丈：张爱玲的2020》已经陆陆续续写了两年，我自认为从未这样喜欢一个人，喜欢到想要活成她的样子，喜欢到面对恶意的语言的时候也竟不自觉地扬起我的头。

承认她是一个负能量的女子，但毫不夸张地说我喜欢这样的悲观，我沉醉这样的绝望，我愿意向死而生，我愿意在污浊的泥潭中开出血迹斑斑的圣莲。当然我也清楚以我的年纪确实是不该碰触这样的人生的，私心想来二十岁有二十岁的感悟，四十岁有四十岁的体会，我不能保证若是我可以平安活到四十岁也还是会重新写一部关于张爱玲的书。

写《愿你所有孤独，都光芒万丈：张爱玲的2020》的时候正是我身体最衰弱的时期，接近强直性脊柱炎的剧痛在每天早上醒来的时候都会把我变成现实版的"普罗米修斯"。我比自己想象得还要坚强一些，我愿意相信这是张爱玲赋予我的能量，所以我会靠着墙壁在没有课程任务的时候忘情书写关于她的所有，那是我的理解，我不知对与错，只想给这几年被埋葬的青春一个完整的交代。

我也比自己想象得要脆弱一些，我知道那些无处不在的跳蚤折磨着张小姐敏感的神经，而在现实中的我也过上了神经兮兮的惊恐生活。我厌恶墙壁上时不时就出现的蟑螂蜘蛛，那明明是我最惧怕的东西，我不理解为什么我竟然选择忍受，人果然是最下贱的高级动物，无论面对怎样的恶劣环境，他们都可以接受。我自嘲着我的坚强，然后在无人问津的环境里孤芳自赏起来，我幼稚得可笑，要每天书写内心的声音来为这卑微的人生代言。

我自以为喜欢一个人极高的敬意就是感受着她的所有痛苦，于是我居住的环境也会出现她曾经惧怕的事物，艰难生存的我依然为梦想乐此不疲，然后开始欣赏自己、迷恋自己。原来这几年我竟然一直活在戏里，自己创作了剧本然后邀请自己来出演，习惯强颜欢笑，他人认为我本应该在享受无忧无虑的精致生活，但这也是他人的想法而已，人生的无奈只有自己知道，不是自己经历过的痛苦便永远都无法感同身受。

我痛恨自己本应该在累积荣誉的年纪竟然做起了人生的减法，张爱玲好像陪我走了一次，我也苍老了许多，我把无欲无求变成了生命的常态。命运最残忍的事情不是人生遭遇困境，而是人生遭遇困境的时候竟然没有选择的权利，面对被埋葬的青春，我无路可退。

这是喜欢张爱玲的第五年，这也是我写作生涯的第十一年。这一次，既不是他人眼中的急就章，也不属于文艺女青年的矫揉造作，我确实对以往的作品有不堪回首的感觉，但我并不后悔。《愿你所有孤独，都光芒万丈：张爱玲的2020》是我人生中的第三部作品，我在这三部书中隐约看见了我的成长，从抱怨到隐忍，从幼稚到成熟，无论如何，我接受这样的自己，我要赋予自己一种张爱玲般的勇气，接受过往的经历，原谅曾经的不堪。原谅自己，也是一种需要锻炼的能力。

我觉得诸子百家争鸣时期和魏晋南北朝时期以及后来的民国岁月可能是为数不多的"思想自由时代"，这是三段无可复制的黄金时代，它们所创造的一切思想成果不必理会时间的淘洗，经过各代的演绎只会更加熠熠生辉。

张爱玲的一切自然也无法复制，我常在想现如今的作家是再也不会享受到那个时代的"明星光辉"了，这并不是时代的错误。其实不仅仅是张爱玲，包括同时代的凌叔华以及石评梅等人，她们也不只是才女而已，她们的经历本就是一本书，她们的命运本就是一段传奇。她们为文学而生，视写作如生命，她们用自己的亲身经历表达对写作最崇高的敬意，当灵魂和文学融为一体，那种不敢模仿的永恒仿佛就响彻在她们的生命里。从来没有这样的感天动地，从来没有这样的所向披靡。

所以不必感叹所谓的文学走入旋涡的困境，写作者的文章与生活已经开始分裂开来，众人对作品的讨论也就仅仅止步于对作品的讨论。而众人对张爱玲独一无二的家世背景，跌宕起伏的感情经历，甚至她的衣品、她的世界观与价值观竟然都可以进行昼夜不歇的研究讨论，可见张爱玲已经不仅仅是一位作家。

一个皓首苍颜的老奶奶隐藏在车水马龙的洛杉矶汽车旅馆里，伴着忽明忽暗的灯光记录着被人遗忘的 20 世纪老上海的点点滴滴，这个画面看起来也许比星光灿烂的红地毯仪式更加让人震撼。我们没有理由不对这样的人生表达自己的感动，我是十分清楚她不需要世人的同情的，过于自我的她也是不屑于世人的同情的。但我相信，五内俱焚的女子是奢望人类的心疼的。我从不会去同情她，我是真的心疼她，有时候她就是我，这是心碎的声音，我们彼此都听得见。

仿佛过了自怜自哀的年纪，越来越惧怕人群，独自一人面对空荡荡的房间却又忐忑不安，我还是缺少张爱玲的勇敢。厌恶的泥潭，因为不断地挣扎开始越陷越深。所谓真正恶劣的环境是当你渴求披荆斩棘的时候，挡在面前的是千军万马，而当你选择堕落的时候则不需要任何理由。恶劣的环境试图磨光我所有的棱角，我被迫把自己放在无人问津的尘埃里，拼尽了所有也未能开出一朵娇艳的花来。人性中无数丑恶的一面，未满二十岁的张爱玲曾经一览无遗，她比任何人都活得通透，读得懂的是作品，读不懂的是张爱玲。

不敢想象究竟是怎样的破碎才能让孤身一人的女子毅然决然踏上异国他乡的漂泊路。她知道自幼树立的天才梦开始碎了，属于张爱玲的"黄金时代"毫不留情地远走，她的传奇、她的才华被历史的车轮浩浩荡荡地碾压。这朵孤傲的"水仙子"被打入暗无天日的死牢，此刻的压抑环境好似当年的张公馆。什么兰生幽谷，不因无人欣赏而不自发芳香，仅有的热情在胡某人的身上用尽，她是再也没有勇气做这棵兰草了，没有多余的青春等待欣赏，幻灭——彻底的幻灭。

张爱玲太过坚强，坚强到不忍心放下自己的坚强。经历了半个世纪的风雨，手中唯一抓得住的温暖竟然是走廊的墙壁，她是会自言自语与陌生的墙壁互相问候的，她拒绝周围的一切人与事物。临终之前依然不愿给世界留下什么，多年以前准备好的遗稿也要叮嘱友人烧得干干净净，当然不仅仅是遗稿，还有她自己的身体，统统烧掉，好像从来不希望世人知道她的存在。

从风光耀眼的旷世才女到无人问津且疾病缠身的老奶奶，繁华与寂寞的两端都在她的生命中走过，生命中不能承受之轻与生命中不能承受之重，她全都经历过，这样的极端还能风一样地收梢，这世间，唯张爱玲一人而已。

离开世界的方式也是如此决绝，她的遗嘱一目了然，一旦自己告别人间，身后所有的财产均赠予宋淇夫妇。遗体不希望任何人看到，要立即火化，不要祭奠仪式，遗体火化后要立即将骨灰撒向广袤无人之处。不必再叹息她拉黑全世界的决定，懂她的人，自会慈悲，我们都知道，她喜欢这样的收梢。

众人皆说张爱玲的晚年生活是如何凄凉，但她回避人世却不厌恶人世，那是她自己选择的结果，她当然要为每一个选择负责，只要是自己选择的生活，便谈不上是如何凄惨。承诺是给自己的，不是为了谁，眼泪不知为谁而流，总归她不是为自己而流。

1995 年 9 月 8 日，张爱玲因心脑血管疾病在洛杉矶逝世，75 年的传奇人生均化作轻轻的毛毯，盖在她的身上，她走得很安详，仿佛早已做好了准备。根据遗嘱内容，9 月 30 日，遗嘱执行人林式同等人前往 San Pedro 外海安葬张爱玲，她的骨灰伴着红白两种玫瑰一起飘洒在了广阔的海水中，葬礼结束后，治丧人员就地解散。苍凉，是她生命中永恒的主题，直到最后一刻，她依然做得如此完美。

今天是中秋节，历史总是惊人地相似，22 年前的今天，张爱玲完成了生命华美的收梢。22 年后的今天，一个"勇气可嘉"的女孩子正在用自己的方式纪念生命里的女神。沉香一梦，阅尽浮生，我希望用不成熟的文笔当成中秋节的礼物送给张小姐，同时也是为了给这四年幻灭的青春一个完整的交代。《愿你所有孤独，都光芒万丈：张爱玲的 2020》的所有理解与感悟均是来自一个不成熟的二十岁的小女孩，希望远在天边的张小姐在面对我不正确的解读的时候能够原谅，也希望所有的前辈读者能够海涵。时至今日，读懂已非昨日少年，永远读不懂的张爱玲，永远说不尽的张小姐。时代无法进行复制，佳话不能重复上演，世间再无张爱玲。

谢谢你，张爱玲。

再见，张小姐。

石若轩

2017 年中秋佳节于重庆民国街